Caro aluno, seja bem-vindo à sua plataforma do conhecimento!

A partir de agora, está à sua disposição uma plataforma que reúne, em um só lugar, recursos educacionais digitais que complementam os livros impressos e foram desenvolvidos especialmente para auxiliar você em seus estudos. Veja como é fácil e rápido acessar os recursos deste projeto.

1 Faça a ativação dos códigos dos seus livros.

Se você NÃO tem cadastro na plataforma:
- acesse o endereço <login.smaprendizagem.com>;
- na parte inferior da tela, clique em "Registre-se" e depois no botão "Alunos";
- escolha o país;
- preencha o formulário com os dados do tutor, do aluno e de acesso.

O seu tutor receberá um *e-mail* para validação da conta. Atenção: sem essa validação, não é possível acessar a plataforma.

Se você JÁ tem cadastro na plataforma:
- em seu computador, acesse a plataforma pelo endereço <login.smaprendizagem.com>;
- em seguida, você visualizará os livros que já estão ativados em seu perfil. Clique no botão "Códigos ou licenças", insira o código abaixo e clique no botão "Validar".

Este é o seu código de ativação! → **D9ZWN-973BR-A2UQP**

2 Acesse os recursos

usando um computad...

No seu navegador de internet, digite o endereço <login.smaprendizagem.com> e acesse sua conta. Você visualizará todos os livros que tem cadastrados. Para escolher um livro, basta clicar na sua capa.

...ando um dispositivo móvel.

Instale o aplicativo **SM Aprendizagem**, que está disponível gratuitamente na loja de aplicativos do dispositivo. Utilize o mesmo *login* e a mesma senha que você cadastrou na plataforma.

Importante! Não se esqueça de sempre cadastrar seus livros da SM em seu perfil. Assim, você garante a visualização dos seus conteúdos, seja no computador, seja no dispositivo móvel. Em caso de dúvida, entre em contato com nosso canal de atendimento pelo **telefone 0800 72 54876** ou pelo **e-mail** atendimento@grupo-sm.com.

Cercanía Espanhol 7º Ano - Fundamental 2 - Livro Digital do Aluno. 2ª Edição 2012

BRA145331_790

cercanía

espanhol

7º ano

7

Ludmila Coimbra
Licenciada em Letras – Espanhol pela Universidade Federal de Minas Gerais (UFMG). Mestra em Letras – Estudos Literários pela UFMG. Professora do Ensino Fundamental, do Ensino Médio e do Ensino Superior. Pesquisadora na área de Linguística Aplicada ao ensino de Língua Estrangeira.

Luíza Santana Chaves
Licenciada em Letras – Espanhol pela UFMG. Mestra em Letras – Estudos Literários pela UFMG. Professora de Espanhol no curso de Língua Estrangeira do Centro Pedagógico da UFMG. Professora de Educação de Jovens e Adultos, do Ensino Fundamental, do Ensino Médio e do Ensino Superior.

José Moreno de Alba
Doutor em Letras pela Universidad Nacional Autónoma de México (Unam). Membro da Academia Mexicana de la Lengua, da qual foi diretor de 2003 a 2011. Ex-secretário da Asociación de Lingüística y Filología de América Latina (Alfal). Professor da Faculdade de Filosofia e Letras da Unam.

Cercanía 7
© Edições SM Ltda.
Todos os direitos reservados

Direção de conteúdos didáticos	Márcia Takeuchi
Design	Alysson Ribeiro
Gerência de processos editoriais	Rosimeire Tada da Cunha
Gerência editorial	Angelo Stefanovits
Coordenação de área	Sandra Fernandez
Edição	Ana Paula Landi, Sandra Fernandez
Consultoria	Daniel Mazzaro, Patricia Varela González, Raquel La Corte dos Santos
Assistência administrativa editorial	Alyne de Oliveira Serralvo, Fernanda de Araujo Fortunato, Karina Miquelini, Rosi Benke, Tatiana Gregório
Preparação e revisão	Cláudia Rodrigues do Espírito Santo (Coordenadora), Alzira Aparecida Bertholim Meana (Assistente), Ana Catarina Nogueira, Arnaldo Rocha de Arruda, Eliana Vila Nova de Souza, Fátima Cezare Pasculli, Izilda de Oliveira Pereira, Liliane Fernanda Pedroso, Miraci Tamara Castro, Rosinei Aparecida Rodrigues Araujo, Valéria Cristina Borsanelli
Coordenação de arte	Eduardo Rodrigues
Edição de arte	Eduardo Sokei, Keila Grandis, Ruddi Carneiro
Projeto gráfico	Erika Tiemi Yamauchi, Mônica Oldrine
Capa	Alysson Ribeiro, Erika Tiemi Yamauchi e Adilson Casarotti sobre ilustração de NiD-Pi
Ilustrações	AMj Studio, George Tutumi, Graphorama, Petra Elster, Sabrina Eras
Iconografia	Jaime Yamane, Karina Tengan, Marcia Sato
Tratamento de imagem	Robson Mereu, Claudia Fidelis, Ideraldo Araújo
Editoração eletrônica	Cítara, 3L Creative Stúdio (aberturas unidades 1 e 3), Ligia Duque (abertura unidade 4), Faoza (aberturas unidades 2, 5, 6, 7 e 8), Aerostudio (Guia Didático)
Fabricação	Toninho Freire
Impressão	Pifferprint

Dados Internacionais de Catalogação na Publicação (CIP)
(Câmara Brasileira do Livro, SP, Brasil)

Coimbra, Ludmila
 Cercanía : espanhol, 7º ano / Ludmila Coimbra,
Luiza Santana Chaves, José Moreno de Alba. —
2. ed. — São Paulo : Edições SM, 2012. — (Cercanía ; 2)

 Vários ilustradores.
 ISBN 978-85-418-0054-9 (aluno)
 ISBN 978-85-418-0055-6 (professor)

 1. Espanhol (Ensino fundamental) I. Chaves, Luiza
Santana. II. Alba, José Moreno de. III. Título. IV. Série.

12-06428   CDD-372.6

Índices para catálogo sistemático:
1. Espanhol : Ensino fundamental 372.6

2ª edição, 2012
9ª impressão, janeiro 2023

Edições SM Ltda.
Rua Tenente Lycurgo Lopes da Cruz, 55
Água Branca 05036-120 São Paulo SP Brasil
Tel. 11 2111-7400
edicoessm@grupo-sm.com
www.edicoessm.com.br

■ Presentación

Caro(a) alumno(a),

Cada uno de los cuatro volúmenes de esta colección te brinda la oportunidad de conocer el mundo hispánico desde varias miradas, reflexionando sobre temáticas actuales y necesarias a tu formación en cuanto ciudadano crítico y consciente.

¿Sabías que el español es una de las lenguas más habladas en el mundo y es lengua oficial de la mayoría de los países vecinos a Brasil? Esa cercanía es una de las razones que te llevan a aprender y aprehender la lengua española: culturas, costumbres, hábitos, creencias, lenguajes...

Específicamente en este volumen, comprender el español y expresarse en esa lengua es:
- ✓ divertirte con las historietas de Calpurnio;
- ✓ programarte para participar de varias fiestas: La Tomatina, Las Fallas, Parrandas...;
- ✓ tomar el mate junto a los vecinos rioplatenses;
- ✓ conocer la artesanía paraguaya del aó poyví y aó pói;
- ✓ escuchar canciones de Isa TKM y Maná;
- ✓ participar del carnaval de Guaranda, en Ecuador;
- ✓ admirar el lienzo *Guernica* y los grabados de las palomas, de Pablo Picasso;
- ✓ entrevistar a Rafael Nadal, el tenista español más famoso actualmente;
- ✓ informarte a través de campañas publicitarias como la del gobierno de Puerto Vallarta, en México;
- ✓ descubrir quiénes hispanoamericanos ganaron al Nobel de la Paz;
- ✓ recitar poemas de Gloria Fuertes, Rafael Alberti, Mario Benedetti, Gabriela Mistral y otros poetas;
- ✓ leer fábulas del guatemalteco Augusto Monterroso;
- ✓ escenificar fábulas peruanas;
- ✓ contemplar los versos de Federico García Lorca;
- ✓ ver un documentario sobre la Guerra Civil Española;
- ✓ horrorizarse con cuentos de terror de Luis Bermer y de la Radio Universal mexicana.

En fin, es tener acceso a un mundo más amplio e interconectado. Este viaje está hecho para quienes tienen sed de conocimiento y placer. ¡Bienvenido(a) al mundo hispanohablante!

Las autoras

Sumario

1 — Datos y testigos: ¿cómo organizo mis estudios? 8

¡Para empezar! — Agenda 9
Lectura — *Género:* Relato 10
- Almacén de ideas — Preparación para la lectura: relato de niños somalíes 10
- Red (con)textual — Derechos del niño 11
- Tejiendo la comprensión — Actividades después de la lectura 12
- Gramática en uso — Verbos pronominales en presente de indicativo/Las horas 13
- Escritura — *Género*: Historieta 16
- Conociendo el género — Historieta 16
- Planeando las ideas — Historieta de Calpurnio: *El bueno de Cuttlas* 17
- Gramática en uso — Los numerales ordinales / Las interjecciones 18
- Taller de escritura — Libro de historietas 19
- (Re)escritura — ¿Cómo revisar mi texto? 19

Escucha — *Género*: Noticia 20
- ¿Qué voy a escuchar? — Noticia, de Canal 10 de Uruguay 20
- Escuchando la diversidad de voces — La vuelta a clase en Uruguay 20
- Comprendiendo la voz del otro — Actividades pos escucha 21
- Oído perspicaz: el español suena de maneras diferentes — La **y** y la **s** en el español uruguayo 21
- Vocabulario en contexto — Tipos de educación 22

Habla — *Género*: Diálogo 23
- Lluvia de ideas — Preparación para el habla 23
- Rueda viva: comunicándose — Adicción a internet 24
- ¡A concluir! — Reflexión de cierre 24

Culturas en diálogo: nuestra cercanía — José Martí y la educación en Cuba 25

¿Lo sé todo? (Autoevaluación) 27

Glosario visual 27

2 — Anuncio la moda: ¿cuál es mi tribu? 28

¡Para empezar! — Historieta de Gaturro 29
Lectura — *Género*: Anuncio de publicidad 30
- Almacén de ideas — Preparación para la lectura: anuncios publicitarios 30
- Red (con)textual — Eligiendo los probables consumidores de los productos 30
- Tejiendo la comprensión — Actividades después de la lectura 31
- Gramática en uso — Los adjetivos / Verbos reflexivos en presente de indicativo 32
- Vocabulario en contexto — Cualidades de un producto / Expresiones "Estar de moda", "Estar pasado de moda" 35

Escritura — *Género*: Anuncio de publicidad 36
- Conociendo el género — Anuncio publicitario 36
- Planeando las ideas — Creación del anuncio 37
- Taller de escritura — Vendiendo un producto 37
- (Re)escritura — ¿Cómo revisar mi texto? 37

Habla — *Género*: Diálogo 38
- Lluvia de ideas — Preparación para el habla: prendas de vestir 38
- Rueda viva: comunicándose — Comprando un producto 40
- ¡A concluir! — Reflexión de cierre sobre el consumismo 40

Escucha — *Género*: Propaganda institucional 41
- ¿Qué voy a escuchar? — Propaganda del gobierno de Puerto Vallarta, México 41
- Escuchando la diversidad de voces — Informaciones que relacionan las oraciones 41
- Comprendiendo la voz del otro — Actividades pos escucha 42
- Gramática en uso — Uso de **porque**, **para que**, **gracias a**… 42
- Oído perspicaz: el español suena de maneras diferentes — ¿Cómo se pronuncia en español la letra **j**? 43

Culturas en diálogo: nuestra cercanía — Artesanía paraguaya 44

¿Lo sé todo? (Autoevaluación) 46

Glosario visual 46

Repaso: ¡juguemos con el vocabulario y la gramática! 47

4 cuatro

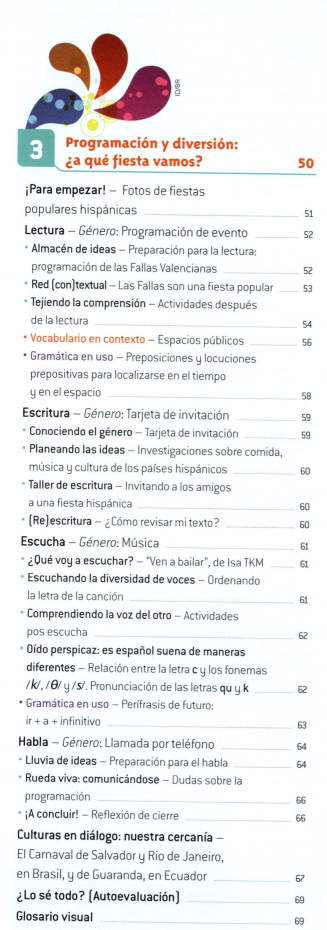

3 Programación y diversión: ¿a qué fiesta vamos? — 50

- ¡Para empezar! — Fotos de fiestas populares hispánicas — 51
- **Lectura** — *Género*: Programación de evento — 52
  - Almacén de ideas — Preparación para la lectura: programación de las Fallas Valencianas — 52
  - Red (con)textual — Las Fallas son una fiesta popular — 53
  - Tejiendo la comprensión — Actividades después de la lectura — 54
  - Vocabulario en contexto — Espacios públicos — 56
  - Gramática en uso — Preposiciones y locuciones prepositivas para localizarse en el tiempo y en el espacio — 58
- **Escritura** — *Género*: Tarjeta de invitación — 59
  - Conociendo el género — Tarjeta de invitación — 59
  - Planeando las ideas — Investigaciones sobre comida, música y cultura de los países hispánicos — 60
  - Taller de escritura — Invitando a los amigos a una fiesta hispánica — 60
  - (Re)escritura — ¿Cómo revisar mi texto? — 60
- **Escucha** — *Género*: Música — 61
  - ¿Qué voy a escuchar? — "Ven a bailar", de Isa TKM — 61
  - Escuchando la diversidad de voces — Ordenando la letra de la canción — 61
  - Comprendiendo la voz del otro — Actividades pos escucha — 62
  - Oído perspicaz: es español suena de maneras diferentes — Relación entre la letra **c** y los fonemas /k/, /θ/ y /s/. Pronunciación de las letras **qu** y **k** — 62
  - Gramática en uso — Perífrasis de futuro: ir + a + infinitivo — 63
- **Habla** — *Género*: Llamada por teléfono — 64
  - Lluvia de ideas — Preparación para el habla — 64
  - Rueda viva: comunicándose — Dudas sobre la programación — 66
  - ¡A concluir! — Reflexión de cierre — 66
- **Culturas en diálogo: nuestra cercanía** — El Carnaval de Salvador y Rio de Janeiro, en Brasil, y de Guaranda, en Ecuador — 67
- **¿Lo sé todo?** (Autoevaluación) — 69
- **Glosario visual** — 69

4 Entrevista en foco: ¿cómo cuidar la salud? — 70

- ¡Para empezar! — Tapas de revistas de salud / Noticia sobre menús escolares — 71
- **Lectura** — *Género*: Entrevista — 72
  - Almacén de ideas — Preparación para la lectura: entrevista a Rafael Nadal — 72
  - Red (con)textual — Ordenando preguntas y respuestas — 72
  - Tejiendo la comprensión — Actividades después de la lectura — 74
  - Vocabulario en contexto — Las articulaciones — 75
  - Gramática en uso — Pretérito perfecto y pretérito indefinido: forma y uso — 76
- **Escritura** — *Género*: Entrevista — 79
  - Conociendo el género — Entrevista — 79
  - Planeando las ideas — Entrevista a Rafa Nadal cuando tenía 12 años — 79
  - Taller de escritura — Sabiendo cómo se sintió Nadal en un campeonato de tenis — 80
  - (Re)escritura — ¿Cómo revisar mi texto? — 80
- **Habla** — *Género*: Consulta médica — 81
  - Lluvia de ideas — Preparación para el habla — 81
  - Rueda viva: comunicándose — Evaluación física — 82
  - ¡A concluir! — Reflexión de cierre — 83
- **Escucha** — *Género*: Entrevista y texto informativo — 84
  - ¿Qué voy a escuchar? — Entrevista y texto informativo, de Asociación Española de Dietistas Nutricionistas — 84
  - Escuchando la diversidad de voces — Consejos sobre salud — 85
  - Comprendiendo la voz del otro — Actividades pos escucha — 86
  - Oído perspicaz: el español suena de maneras diferentes — Pronunciación de la letra **x** (equis) — 86
- **Culturas en diálogo: nuestra cercanía** — Refranes populares y el bodegón — 87
- **¿Lo sé todo?** (Autoevaluación) — 89
- **Glosario visual** — 89
- **Repaso: ¡juguemos con el vocabulario y la gramática!** — 90

cinco 5

Sumario

5 La escritura de una vida: ¿quiénes luchan por la paz? — 92

¡Para empezar! — Fotos de hispanoamericanos ganadores del Premio Nobel — 93
Lectura — *Género*: Biografía — 94
- **Almacén de ideas** — Preparación para la lectura: biografía de Rigoberta Menchú — 94
- **Red (con)textual** — Rellenando el texto para darle sentido de continuidad en la acción — 95
- **Tejiendo la comprensión** — Actividades después de la lectura — 96
- **Vocabulario en contexto** — Palabras originarias de lenguas indígenas — 97
- **Gramática en uso** — Verbos en pretérito indefinido: irregularidades — 97

Escritura — *Género*: Biografía — 99
- **Conociendo el género** — Biografía — 99
- **Planeando las ideas** — Investigación sobre personas que ayudan a mantener la paz — 99
- **Taller de escritura** — Hechos importantes de personas de la ciudad — 99
- **(Re)escritura** — ¿Cómo revisar mi texto? — 99

Escucha — *Género*: Letra de canción — 100
- **¿Qué voy a escuchar?** — "Cuando los ángeles lloran", de Maná — 100
- **Escuchando la diversidad de voces** — Palabras relacionadas con por lo que Chico Mendes luchaba — 101
- **Comprendiendo la voz del otro** — Actividades pos escucha — 102
- **Gramática en uso** — Verbos en pretérito indefinido: irregularidades — 102
- **Vocabulario en contexto** — Productos agrícolas — 103
- **Oído perspicaz: el español suena de maneras diferentes** — Pronunciación de la letra **g** — 104

Habla — *Género*: Sarao o tertulia poética — 105
- **Lluvia de ideas** — Preparación para el habla — 105
- **Rueda viva: comunicándose** — declamación — 106
- **¡A concluir!** — Reflexión de cierre — 106

Culturas en diálogo: nuestra cercanía — Grabados de Pablo Picasso y poema *Miedo*, de Gabriela Mistral — 107
¿Lo sé todo? (Autoevaluación) — 109
Glosario visual — 109

6 Fabulando ideas: ¿qué actitudes tomar? — 110

¡Para empezar! — Ilustraciones de fábulas — 111
Lectura — *Género*: Fábula — 112
- **Almacén de ideas** — Preparación para la lectura: fábula de Augusto Monterroso — 112
- **Red (con)textual** — Ordenando la historia — 112
- **Tejiendo la comprensión** — Actividades después de la lectura — 113
- **Vocabulario en contexto** — Animales — 114
- **Gramática en uso** — Pretérito imperfecto — 116

Escritura — *Género*: Fábula — 118
- **Conociendo el género** — Fábula — 118
- **Planeando las ideas** — Moralejas — 120
- **Taller de escritura** — Libro con fábulas ilustradas — 120
- **(Re)escritura** — ¿Cómo revisar mi texto? — 120

Habla — *Género*: Teatro de marionetas, muñecos o títeres — 121
- **Lluvia de ideas** — Preparación para el habla — 121
- **Rueda viva: comunicándose** — Presentación de una fábula en forma de teatro — 123
- **¡A concluir!** — Reflexión de cierre — 123

Escucha — *Género*: Fábula — 124
- **¿Qué voy a escuchar?** — "Las ranitas en la nata", Jorge Bucay — 124
- **Escuchando la diversidad de voces** — Entendiendo la secuencia de las acciones de las ranas — 124
- **Comprendiendo la voz del otro** — Actividades pos escucha — 124
- **Gramática en uso** — Pretérito imperfecto: irregularidades — 125
- **Oído perspicaz: el español suena de maneras diferentes** — Pronunciación del dígrafo **ch** — 125

Culturas en diálogo: nuestra cercanía — Giramundo y *Cobra Norato*, de Raul Bopp — 126
¿Lo sé todo? (Autoevaluación) — 128
Glosario visual — 128
Repaso: ¡juguemos con el vocabulario y la gramática! — 129

7 Lienzo en muestras: ¿qué sé yo sobre la Guerra Civil Española? 132

- **¡Para empezar!** — Dibujos de niños sobre la guerra 133
- **Lectura** — *Género*: Lienzo 134
  - **Almacén de ideas** — Preparación para la lectura: *Guernica*, de Pablo Picasso 134
  - **Red (con)textual** — Reconociendo elementos pictóricos 136
  - **Tejiendo la comprensión** — Actividades después de la lectura 137
  - **Gramática en uso** — Pretérito imperfecto y pretérito indefinido — contrastes 138
- **Escritura** — *Género*: Línea del tiempo 140
  - **Conociendo el género** — Línea del tiempo 140
  - **Planeando las ideas** — Historia de la Guerra Civil Española 141
  - **Taller de escritura** — Haciendo una línea del tiempo 143
  - **(Re)escritura** — ¿Cómo revisar mi texto? 143
  - **Vocabulario en contexto** — Formas de gobierno 144
- **Escucha** — *Género*: Documental 145
  - **¿Qué voy a escuchar?** — *La guerra dibujada*, de TVE 145
  - **Escuchando la diversidad de voces** — Conociendo una versión de la historia 145
  - **Comprendiendo la voz del otro** — Actividades pos escucha 146
  - **Gramática en uso** — Tiempos verbales del pasado: indefinido, perfecto e imperfecto 147
  - **Oído perspicaz: el español suena de maneras diferentes** — La letra **ñ** (eñe) 147
  - **Vocabulario en contexto** — Objetos del aula ... 148
- **Habla** — *Género*: Entrevista y relato 149
  - **Lluvia de ideas** — Preparación para el habla ... 149
  - **Rueda viva: comunicándose** — Hablando del pasado y transmitiendo el testimonio del otro ... 149
  - **¡A concluir!** — Reflexión de cierre 149
- **Culturas en diálogo: nuestra cercanía** — Poema *Canción primaveral*, de Federico García Lorca, y *Muestra Ausencias*, de Gustavo Germano 150
- **¿Lo sé todo? (Autoevaluación)** 153
- **Glosario visual** 153

8 Historias de terror y horror: ¿qué cosas me dan miedo? 154

- **¡Para empezar!** — Tapas de cómics, libros y películas de terror 155
- **Lectura** — *Género*: Cuento / *Tema*: Terror 156
  - **Almacén de ideas** — Preparación para la lectura del cuento *6 de enero*, de Luis Bemer 156
  - **Red (con)textual** — El clímax de la narrativa ... 156
  - **Tejiendo la comprensión** — Actividades después de la lectura 158
  - **Vocabulario en contexto** — Los animales asquerosos 159
  - **Gramática en uso** — Pretérito pluscuamperfecto ... 160
- **Escritura** — *Género*: Microcuento 162
  - **Conociendo el género** — Microcuento 162
  - **Planeando las ideas** — Objetos relacionados al vampiro 164
  - **Taller de escritura** — Historia de terror 165
  - **(Re)escritura** — ¿Cómo revisar mi texto? 165
- **Habla** — *Género*: Recuento 166
  - **Lluvia de ideas** — Preparación para el habla ... 166
  - **Rueda viva: comunicándose** — Microrrelato ... 166
  - **¡A concluir!** — Reflexión de cierre 166
- **Escucha** — *Género*: Historia de terror 167
  - **¿Qué voy a escuchar?** — *La mano peluda*, programa de la radio El Universal 167
  - **Escuchando la diversidad de voces** — Juego de las hipótesis 167
  - **Comprendiendo la voz del otro** — Actividades pos escucha 168
  - **Oído perspicaz: el español suena de maneras diferentes** — Pronunciación de la letra **y** (ye) ... 168
- **Culturas en diálogo: nuestra cercanía** — Representaciones de la muerte en Brasil, México y EE.UU. / Lienzos del muralista mexicano Diego Rivera 169
- **¿Lo sé todo? (Autoevaluación)** 171
- **Glosario visual** 171
- **Repaso: ¡juguemos con el vocabulario y la gramática!** 172

Chuleta lingüística: ¡no te van a pillar! 174
¡Para ampliar!: ver, leer, oír y navegar... 178
Glosario 182
Referencias bibliográficas 183

siete 7

1 Datos y testigos: ¿cómo organizo mis estudios?

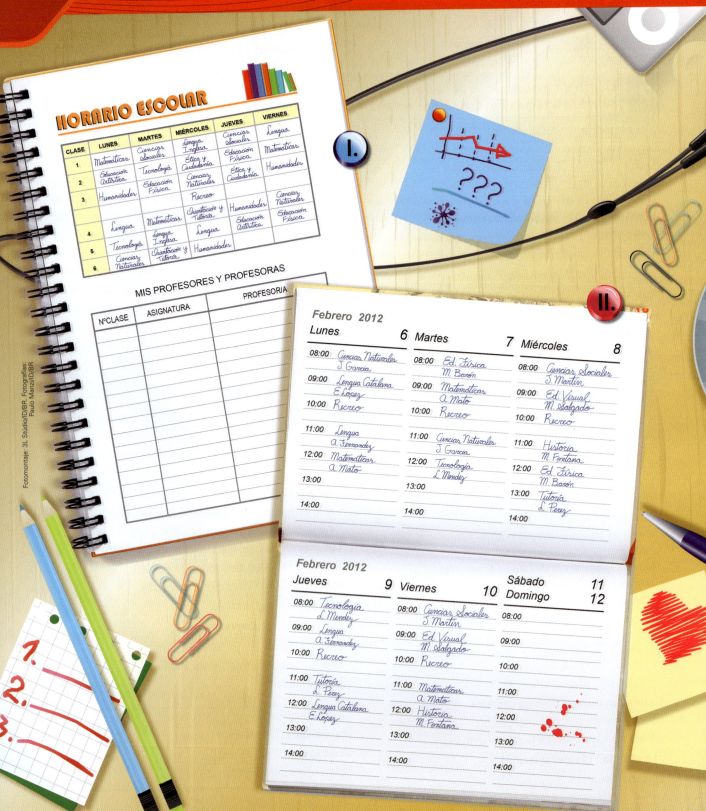

En esta unidad...

... aprenderemos a hablar de acciones habituales, conoceremos la rutina diaria de algunas personas y reflexionaremos sobre la igualdad de los derechos de los niños y las niñas a la educación. Al final podremos contestar a las preguntas: ¿cómo es mi día a día? ¿a qué hora hago mis tareas escolares?

Agenda — 02 de febrero de 2012

- Lengua Castellana
  - Actividades 2 a la 7 páginas 80 y 81

- Matemáticas
  - Actividades 1 a la 9 páginas 82 y 83
  - Estudiar para el examen de mañana

- Conocimento del medio
  - Actividad 4 página 125 y de la 1 a la 4ª de la página 126 y 127

- Otros
  - Paisaje de plástica, para entregar

¡Para empezar!

Se acaban las vacaciones y empieza el año escolar. ¿Cómo organizas tu rutina diaria? ¿En qué horarios haces tus tareas? Observa las imágenes de al lado.

1. Esas imágenes representan un medio para organizar nuestras tareas. ¿Qué medio es ese? ¿Lo tienes? ¿Lo usas?

2. Este año, ¿cuáles son tus asignaturas? ¿Hay alguna que nunca has cursado? ¿Cuál(es)?

3. ¿Cómo organizar nuestro tiempo después de las clases del colegio? Entre todos, discutan sobre cómo se organizan en casa. Algunas cuestiones pueden ayudarles.
   - ¿Tienes horarios de estudio?
   - ¿Buscas un lugar tranquilo para leer y estudiar?
   - ¿Lees con atención y subrayas los datos más importantes?
   - Cuando desconoces el significado de alguna palabra, ¿usas el diccionario?
   - En las tareas de casa, ¿escribes las respuestas con tus propias palabras?
   - Si hay dudas a la hora de hacer el ejercicio, ¿las marcas para preguntárselas al profesor el día de la corrección?

Transversalidad

Aquí el tema transversal es la cuestión de la igualdad de los derechos a la educación. Además se advierte a los alumnos en cuanto a la organización del tiempo de estudios.

nueve 9

Género textual
- Relato

Objetivo de lectura
- Identificar a qué derecho del niño se refieren las declaraciones de dos niños somalíes.

Tema
- Derechos del Niño de la Convención de las Naciones Unidas

■ Lectura

Almacén de ideas

1. ¿Con cuántos años fuiste por primera vez a la escuela? ¿Te acuerdas?
   _____
   _____

2. ¿Crees que hay niños y niñas que trabajan en lugar de ir a la escuela? ¿Conoces niños y niñas que no estudian?
   _____
   _____

3. En el sitio electrónico de Unicef, hay un material muy rico de la Convención de las Naciones Unidas sobre los Derechos del Niño que propone ayudar a los niños somalíes para que entiendan por qué, como seres humanos, tienen derecho a esperar mejores cosas para sí mismos y los demás. ¿Sabes algo sobre Somalia y el pueblo somalí? Investiga en enciclopedias en la biblioteca de tu escuela o en sitios seguros de internet. Entre todos, discutan por qué son necesarias acciones como esas de Unicef en este país.

Niños somalíes en la escuela, 2011.

_____
_____
_____
_____

4. Vas a leer la rutina de dos hermanos somalíes, Jabarte y Amina. ¿Qué crees que hacen en su día?
   _____
   _____
   _____

10　diez

Red (con)textual

La Convención de las Naciones Unidas sobre los Derechos del Niño abarca cuatro áreas principales de la experiencia humana: Derechos de Supervivencia, Derechos de Desarrollo, Derechos de Protección y Derechos de Participación. Mientras lees el texto sobre la rutina de Jabarte y Amina, intenta identificar a cuál derecho se refiere.

El día de Jabarte

"Por la mañana temprano voy a la escuela donde estudio el Corán. Después regreso a casa para desayunar y luego voy a la escuela primaria."

"Me gusta jugar fútbol con mis compañeros de clase o leer mis textos escolares. Algunas veces voy a recoger agua para mi familia. Cuando crezca me gustaría ir a la universidad y estudiar medicina."

El día de Amina

"Yo no voy a la escuela. Mamá no tiene dinero para mandarme. Papá murió y somos muy pobres. Tengo que ayudar a mi mamá en los oficios de la casa. Lavo, cocino y limpio, preparo el desayuno y el almuerzo y lavo los platos."

"Ayudo a mi mamá a vender carbón de palo. Me gustaría ir a la escuela. Si fuera a la escuela, a lo mejor encontraría un trabajo bien remunerado."

Sacado de: <www.unicef.org/teachers/spanish/wishbook/wish17.htm>. Acceso el 6 de mayo de 2011.

Tejiendo la comprensión

1. A continuación, se exponen los cuatro derechos de la Convención de las Naciones Unidas y a qué ellos se refieren. Identifícalos y confirma tu hipótesis: ¿A qué derechos se refiere el texto?

    a) Derechos de supervivencia.
    b) Derechos de desarrollo.
    c) Derechos de protección.
    d) Derechos de participación.

    ( ) "Permiten a los niños asumir un papel activo en sus propias vidas, en las de sus comunidades y países. Estos derechos abarcan la libertad de expresar sus opiniones, tener derecho a decidir sobre aspectos que afecten su presente y su futuro, afiliarse a asociaciones y reunirse pacíficamente. […]"

    ( ) "Incluyen el derecho del niño a la vida, a satisfacer las necesidades más básicas de su existencia, tales como una nutrición adecuada, techo y acceso a la atención en salud."

    ( ) "Demandan que el niño sea protegido contra todas las formas de maltrato, negligencia y explotación. Entre estos derechos se incluyen […] la atención especial a los niños refugiados o desplazados; la protección contra el maltrato físico; la protección contra la participación en el conflicto armado; el trabajo infantil; el abuso de las drogas y la explotación sexual. […]"

    ( ) "Se refieren a aquellos que tienen los niños para desarrollar plenamente su potencial. Entre ellos se encuentran el derecho a la educación, al juego y al tiempo libre, a las actividades culturales, el acceso a la información, y la libertad de pensamiento, conciencia y religión."

    Sacado de: <www.unicef.org/teachers/spanish/wishbook/wish3.htm>. Acceso el 6 de mayo de 2011.

2. ¿Cuál es la rutina de Jabarte? ¿Qué le gusta hacer?
    _____
    _____
    _____

3. ¿Cuál es la rutina de Amina? ¿Qué le gustaría hacer?
    _____
    _____
    _____

Vocabulario de apoyo
Supervivencia: el hecho de mantenerse alguien con vida o de existir algo en condiciones difíciles.
Afiliarse: hacerse miembro de una asociación.
Acceso: posibilidad de entrar en algún lugar, de usar, ver o comprar algo, de hablar con alguna persona.
Negligencia: falta de cuidado o de atención.
Desplazar: mover a alguien del lugar donde está.

12 doce

4. Lee la siguiente declaración de la somalí Hawa Isse Mohammed:

> La verdadera solución es que las niñas sean eximidas de hacer todo el trabajo doméstico. Necesitamos que los padres y los hermanos se unan y les ayuden. Ellos deben contribuir a que las niñas vayan a la escuela.

¿Estás de acuerdo a la opinión de Hawa?
_____

5. Has leído el relato de Amina y de Jabarte sobre sus historias en África. Ahora lee una parte de un relato de Chimamanda Adichie, una novelista nigeriana, en su discurso "El peligro de una sola historia".

> La historia única crea estereotipos y el problema con los estereotipos no es que sean falsos sino que son incompletos. Hacen de una sola historia la única historia.
>
> Sacado de: <www.ted.com/talks/lang/por_pt/chimamanda_adichie_the_danger_of_a_single_story.html>.
> Acceso el 6 de mayo de 2011.

Chimamanda Adichie.

a) ¿Qué significa la palabra **estereotipo**? Si no lo sabes, búscala en el diccionario.
_____

b) ¿Se puede afirmar que los relatos de Amina y Jabarte representan la única historia de África? ¿Por qué?
_____
_____
_____

Gramática en uso

1. Observa lo que dijeron Jabarte y Amina, respectivamente, sobre su día:

> "Por la mañana temprano **voy** a la escuela donde **estudio** el Corán. Después **regreso** a casa para desayunar y luego **voy** a la escuela primaria."
>
> "**Lavo**, **cocino** y **limpio**, **preparo** el desayuno y el almuerzo y **lavo** los platos."

a) Observa los verbos que los hermanos usaron. En este contexto, el presente de indicativo se usa para:

( ) expresar hipótesis.
( ) hablar de cosas habituales.
( ) presentar la dificultad de hacer algo.

b) ¿Qué persona gramatical es el sujeto de los verbos destacados?
_____

trece 13

2. Para expresar acciones habituales, podemos usar los verbos de rutina. A continuación, hay verbos e imágenes que representan algunas acciones cotidianas. Bajo cada imagen, escribe el verbo correspondiente:

| acostarse | peinarse | lavarse | despertarse | cepillarse | ducharse |

Esos verbos se llaman **verbos pronominales**. Son aquellos cuya acción recae sobre el mismo sujeto que la ejecuta, o sea, la acción se refleja. Por eso, se usan los pronombres que marcan la persona gramatical que practica la acción.

¡Ojo!

¡Ojo a la forma de los verbos pronominales y a los pronombres en destaque!

Yo **me** levanto.
Tú **te** levantas.
Vos **te** levantás.
Él / Ella / Usted **se** levanta.

Nosotros(as) **nos** levantamos.
Vosotros(as) **os** levantáis.
Ellos / Ellas / Ustedes **se** levantan.

3. En nuestra rutina diaria miramos el reloj algunas veces. Observa la rutina de María, una estudiante del 7º año y el momento en que hace las cosas:

Me despierto a las 6:05, me levanto y me ducho. Desayuno a las 6:25, me cepillo los dientes, me maquillo con un pintalabios color piel y me pongo el uniforme. A las 7:00 voy a la escuela en autobús. Mis clases empiezan a las 7:30. Estudio por la mañana. A las 12:00 vuelvo a casa, almuerzo y duermo la siesta. A eso de la 13:15 me despierto y hago mis tareas escolares. Los martes y jueves tengo clases de natación a las 16:15. Llego a mi casa a las 17:45 y navego en internet, veo mis correos y charlo con mis amigos. Alrededor de las 19:20 ceno con mi familia. Me acuesto a las 20:40, leo algo y duermo.

Observa las horas a continuación y escribe qué hace María en su día a día.

- A las seis y cinco: _____
- A las seis y veinticinco: _____
- A las siete en punto: _____
- A las siete y media: _____
- Al mediodía: _____
- A la una y cuarto: _____
- A las seis menos quince: _____
- A las siete y veinte: _____
- A las nueve menos veinte: _____

4. Para situar un suceso con respecto a una hora, se puede usar la siguiente estructura:

   Para preguntar: ¿A qué hora + (verbo)?   **Para contestar:** (verbo) + a las...

   ¡A charlar en parejas! Uno le preguntará al otro qué hace a las siguientes horas marcadas en los relojes abajo. Escribe la hora y qué hace tu compañero en ese momento del día:

   Hora: _____   Hora: _____
   Acción: _____   Acción: _____

   Hora: _____   Hora: _____
   Acción: _____   Acción: _____

5. Ahora, en un párrafo, describe que haces tú los lunes. No te olvides de los horarios.

   Me despierto a las _____ y _____
   _____
   _____
   _____

quince 15

Género textual
- Historieta

Objetivo de escritura
- Hacer un libro de historietas.

Tema
- Rutina diaria

Tipo de producción
- Individual

Lectores
- Todos de la escuela

El español alrededor del mundo

Al globo – es decir, al espacio circundado por una línea curva que, en los dibujos, sale de la cabeza de una figura y que representa palabras atribuidas a ella – se le llama también, en España, **bocadillo**.

Escritura

Conociendo el género

Vas a escribir tu rutina diaria de una manera más divertida. La crearás en una historieta. Al final, en clase, se podrá hacer un libro con las historietas del cotidiano de cada alumno. Pero antes, ¡a conocer algunos tipos de globos y de onomatopeyas presentes en las historietas!

1. Relaciona los tipos de globos a su significado:

a) b) c) d) e)

( ) habla censurada   ( ) habla
( ) esfuerzo físico   ( ) susurro
( ) pensamiento

2. Las onomatopeyas son vocablos que imitan el sonido de las cosas nombradas. Las hay de ruidos, animales, instrumentos musicales y otros. A partir de tus conocimientos previos, relaciona la cosa a su sonido:

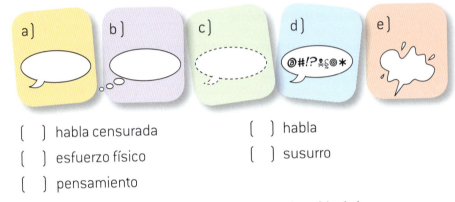

( ) tantarantán   ( ) ¡cataplum!   ( ) guau   ( ) tictac

Planeando las ideas

Vas a leer una historieta dibujada por Calpurnio. Es sobre la rutina diaria de Cuttlas, un muñeco vaquero que normalmente se viste de blanco y lleva sombrero.

Sacado de: <www.fotolog.com.br/farrahfawcett/10879798>. Acceso el 9 de mayo de 2011.

A quien no lo sepa

Calpurnio es un historietista y animador de Zaragoza, España. Nació en 1959 y se quedó muy conocido por sus cómics **El bueno de Cuttlas**, que relatan las inquietudes y aventuras de un vaquero de trazos simples.

1. ¿Cuál es la onomatopeya que se usa en el primer cuadro? ¿Qué representa?
   _____

2. ¿Qué tipos de globo se usan en esa historieta?
   _____

3. ¿Qué hace Cuttlas en los cuatro primeros cuadros?
   _____

4. ¿Qué hace él entre la colada y la comida?
   _____

El español alrededor del mundo

En España se llama **ducha** lo que en la mayor parte de los países americanos se denomina **regadera**. Al lavado de ropa sucia de una casa se le llama, en España, **colada**.

diecisiete 17

5. ¿Y después del almuerzo? ¿Qué hace Cuttlas?
   _____
   _____

6. ¿Cuál es la importancia de las imágenes en las historietas?
   _____
   _____

7. ¿Por qué Cuttlas le contesta a su amigo que no tiene vida?
   _____
   _____

8. Reflexiona sobre tu rutina de lunes a viernes y los fines de semana, y contesta oralmente: ¿Siempre haces lo mismo? ¿En el mismo horario? ¿Qué haces primero y después? ¿Y por último, antes de acostarte?

Gramática en uso

Los numerales ordinales

Los numerales ordinales se usan para informar sobre el número de orden con que aparece algo. En la secuencia de acciones de un día, se puede decir:

> *Cuando me levanto, la primera cosa que hago es lavarme la cara. La segunda, es hacer el desayuno, pues me despierto con hambre. La tercera, es ducharme y cepillarme los dientes...*

Los numerales ordinales hasta el 10º:

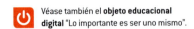
Véase también el **objeto educacional digital** "Lo importante es ser uno mismo".

1º	primero		6º	sexto
2º	segundo		7º	séptimo
3º	tercero		8º	octavo
4º	cuarto		9º	noveno
5º	quinto		10º	décimo

Los ordinales varían en género (masculino y femenino) y en número (singular y plural):

cuarta acción – cuartas acciones   cuarto año – cuartos años

¡Ojo!

Las palabras **primero** y **tercero** se apocopan en **primer** y **tercer** delante de palabras masculinas en singular:
- Es el **primer año** que estudio Arte en la escuela.
- Este año soy el **tercer alumno** en la lista.

18 dieciocho

Las interjecciones

En las historietas, se observa el uso de interjecciones. Se usan entre signos de exclamación o admiración y cada una expresa sentimientos variados.

¡A conocer algunas que podrán ayudarte a la hora de escribir tu historieta!

¡Ay! – expresa dolor.

¡Bah! – expresa desprecio.

¡Uy! – expresa asombro o sorpresa.

¡Puaj! – expresa asco.

¡Shhhh! – expresa pedido de silencio.

¿Eh? – expresa duda.

Taller de escritura

Vas a escribir tu historieta, así como lo hizo Calpurnio sobre la rutina de Cuttlas. Puedes dibujar, recortar imágenes o incluso fotografiar tu rutina con las horas en que haces cada cosa. ¡A la creación! En tu cuaderno, haz el borrador.

(Re)escritura

Antes de considerar lista tu historieta, te toca cambiarla con el compañero. En parejas, vas a revisar las historietas y:
- mirar el diccionario para sacar las dudas de vocabulario;
- observar el uso de los signos de admiración e interrogación en las interjecciones;
- verificar la relación entre las imágenes y las acciones que se quiere narrar;
- revisar el uso de los numerales ordinales y de las palabras que marcan la secuencia de la narrativa.

A quien no lo sepa

En las historietas, cada viñeta marca una acción de la narrativa. ¿Qué ocurre primero? ¿Y después? Se pueden usar también las siguientes expresiones: **luego, enseguida, más tarde, finalmente**.

Género textual
- Noticia del Canal 10 de Uruguay

Objetivo de escucha
- Informarse sobre la vuelta a clases en Uruguay.

Tema
- La vuelta a clases

■ Escucha

¿Qué voy a escuchar?

Vas a escuchar una noticia del Canal 10 de Uruguay sobre el movimiento de los niños con sus padres en un día muy especial: la vuelta a clases.

1. Para ti, ¿la vuelta a clases es un día especial? ¿Por qué?
   _____

2. ¿En qué mes empezaron tus clases en la escuela?
   _____

3. En la noticia aparecen algunos datos. ¿Qué datos imaginas que sean?
   _____

Vocabulario de apoyo
Codicen: Consejo Directivo Central.
UTU: Universidad del Trabajo de Uruguay. Especie de curso técnico como nuestros institutos federales en Brasil.

Escuchando la diversidad de voces

🎧 1 Esta noticia se puede encontrar en el Canal 10, el primer canal de televisión uruguayo. Se publicó el 1º de marzo de 2011 en su sitio electrónico.

A continuación, está la transcripción de la noticia. Pon atención en los numerales que vas a oír. Hay que ponerlos en los espacios en blanco. No necesitas escribirlos por extenso.

---

www.canal10.com.uy

Esta mañana inició el año lectivo _____ en todas las escuelas del país. _____ centros educativos reciben un total de _____ alumnos. Según cifras del Codicen, que publican a diaria, _____ de ellos integrarán grupos de _____ a _____ año, mientras que los otros _____ asistirán a educación inicial.

Los cargos de maestros están todos cubiertos. El salario que percibe un grado _____ es de _____ pesos líquidos. En cuanto a locales, _____ son los que cuentan con problemas edilicios. En Montevideo son _____ los edificios que se encuentran en obras: el de la Escuela Brasil y el de las Escuelas _____ y _____ del Cerro.

El próximo _____ de marzo comenzarán las clases en los liceos nocturnos y el _____ lo harán el resto de los cursos de secundaria y UTU.

Sacado de: <www.canal10.com.uy/noticias/13699-la-vuelta-a-clases>. Acceso el 1º de marzo de 2011.

Comprendiendo la voz del otro

1. Has completado los huecos con los numerales. En la siguiente tabla hay los numerales usados y su función de cuantificar determinadas cosas. Relaciona las dos columnas:

   a) primero; sexto
   b) diez mil novecientos
   c) trescientos sesenta y ocho mil ochocientos; doscientos setenta y ocho mil seiscientos; ochenta y dos mil quinientos
   d) uno
   e) dos mil trescientos sesenta y cuatro
   f) diecisiete
   g) dos mil once
   h) dos
   i) veintinueve; treinta
   j) nueve; catorce

   ( ) centros educativos
   ( ) número de las escuelas del Cerro
   ( ) salario del profesor en pesos uruguayos
   ( ) año lectivo
   ( ) cantidad de edificios
   ( ) cantidad de alumnos
   ( ) años de la escuela
   ( ) grado de la categoría del profesor
   ( ) días del mes
   ( ) locales

2. ¿Cuáles son los numerales ordinales que aparecen en la noticia?
   _____

3. Clasifica los numerales cardinales en cuanto a:

las unidades	las decenas	las centenas	los millares

4. ¿Por qué crees que se usan muchos numerales en esta noticia? ¿Cuál es su importancia?
   _____
   _____
   _____

Oído perspicaz: el español suena de maneras diferentes

La *y* y la *s* en el español uruguayo

En el libro del 6º año, se explicó la manera como se pronuncian en Argentina la **y** y la **s**. Los argentinos pronuncian la **y** de manera semejante a como los anglohablantes pronuncian la **sh**. Asimismo aspiran con frecuencia las eses que cierran sílaba. Pues bien, los uruguayos, que son vecinos de los argentinos, pronuncian también la **y** como **sh** y aspiran muchas eses.

🎧 **2** Volvamos a la grabación de la noticia sobre el comienzo del año escolar en Uruguay. En un pasaje se dice lo siguiente:

> Según cifras del Codicen, que publican a diaria, 278 600 de ellos integrarán grupos de 1º a 6º año [...].

🎧 **3** Si nos fijamos en la forma en que la periodista pronuncia la palabra **ellos**, veremos que dice "eshos". Esta **y** recibe en fonética el nombre de **rehilada**.

Tomemos ahora el primer enunciado de la misma grabación:

> Esta mañana inició el año lectivo dos mil once en todas las escuelas del país.

La periodista que da la noticia aspira las eses destacadas: e**h**ta mañana inició el año lectivo do**h** mil once en toda**h** la**h** e**h**cuela**h** del país. Estas eses se llaman **aspiradas**.

En el español uruguayo, la **y** se pronuncia rehilada y las eses que cierran sílaba se aspiran.

1. Si fueses un(a) uruguayo(a), ¿cómo pronunciarías las siguientes palabras: ellos, lluvia, llanto, silla?

2. Si fueses un hablante del español que aspira la **s**, ¿cómo pronunciarías las siguientes palabras: espejo, estos, asco, estaba?

Vocabulario en contexto

1. En Uruguay, la **educación inicial** atiende a los niños entre los 3 y 5 años de edad. El siguiente nivel corresponde a la **educación primaria**, que tiene una duración de seis años. La **educación media** tiene dos ciclos. El primero es obligatorio y se llama ciclo básico único (CBU), con duración de tres años. El segundo ciclo no es obligatorio y se puede elegir entre el bachillerato diversificado de enseñanza secundaria o la educación técnico-profesional.

   Vuelve a la noticia en la página 20, y, basándote en esas informaciones, si estudiases en Uruguay, ¿cuándo empezarían tus clases?

   _____

2. En la noticia se usa la palabra **liceo**. Se puede usarla como sinónimo de otra palabra que también aparece en la noticia. Te la ponemos abajo en desorden. Ordénala:

_____

Habla

Lluvia de ideas

Pon atención a las imágenes a continuación.

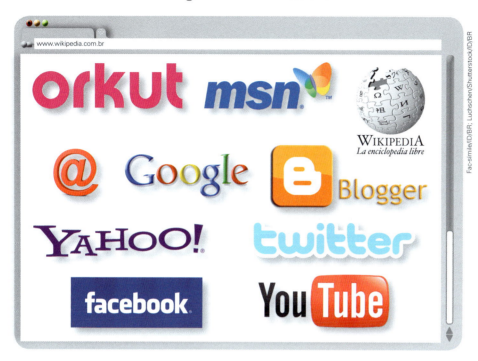

Género textual
- Diálogo

Objetivo de habla
- Saber si mi compañero es un probable adicto a internet.

Tema
- Internet

Tipo de producción
- En parejas

Oyentes
- Compañeros de clase

El español alrededor del mundo

Del francés *ordinateur* procede **ordenador**, término empleado en el español europeo. Del inglés *computer* procede **computadora**, empleado en el español americano.

1. ¿Conoces todas esas imágenes? ¿Dónde se pueden encontrarlas?

2. Escribe el nombre de cada una de las imágenes al lado de su definición:
   a) Son redes de relaciones entre amigos y conocidos.

   b) Es un sitio web donde los usuarios pueden compartir videos.

   c) Es un sistema de mensajería instantánea donde se puede incluso hablar y ver a la persona por la cámara al mismo tiempo.

   d) Significa gorjear y es un servicio gratuito de red social que permite a los usuarios enviar y leer pequeños textos de una longitud máxima de 140 caracteres.

   e) Es una bitácora periódicamente actualizada que recopila cronológicamente textos o artículos de uno o varios autores.

   f) Es una enciclopedia libre en internet donde se encuentran informaciones sobre variados asuntos.

veintitrés 23

g) Son empresas globales que prestan servicio a los consumidores de internet.
_____

h) Es un correo electrónico que permite a los usuarios enviar y recibir mensajes mediante sistemas de comunicación electrónicos.
_____

3. ¿Cuánto tiempo sueles usar el ordenador al día? ¿Te consideras un adicto a internet?
_____
_____

Rueda viva: comunicándose

¡A charlar con tu compañero y a ver si él es un adicto a internet! Vas a preguntarle:
- si usa la computadora todos los días y durante cuánto tiempo lo hace al día;
- si conoce las palabras **Facebook**, **Orkut**, **Youtube**, **Google**, **Yahoo**, **Twitter**, *blogs*, **Wikipedia**, **MSN**, **email**;
- si deja cosas por hacer en casa porque está conectado a internet;
- si lo primero que hace cuando llega a casa es abrir la computadora;
- si comprueba a cada 15 minutos su bandeja de entrada de correos.

Pueden hacerse más preguntas. Si la respuesta a la gran mayoría de las preguntas es "Sí, lo hago", es probable que tu compañero sea un adicto a internet.

¡Ojo!
Piensa en el contexto de comunicación. ¿Con quién vas a hablar? ¿El tratamiento es formal o informal? Eso es importante, pues tienes que conjugar los verbos. ¿Vas a usar **usted**, **tú** o **vos**?

¡A concluir!

En los últimos años, a causa del uso exagerado de los aparatos electrónicos, se han hecho muchas investigaciones sobre internet y la organización del tiempo. Lee lo que dijo la psicóloga Marisa Russomando al periódico argentino *La Nación*:

Marisa Russomando.

Hay que pautar horarios de tareas, que de alguna manera suplantarán las clases, y además organizar la cantidad de tiempo que se dedica a la televisión, internet y a la recreación.

Sacado de: <www.lanacion.com.ar/1147663-organizacion-clave-para-mantener-la-rutina-escolar>. Acceso el 8 de mayo de 2011.

Entre todos, discutan: ¿Cómo organizas tu tiempo en casa? ¿Hay momentos reservados para estudio, televisión, internet y recreación?

CULTURAS EN DIÁLOGO

nuestra cercanía

1. En Brasil, la escuela se organiza en *Educação Infantil*, *Ensino Fundamental I*, *Ensino Fundamental II* y *Ensino Médio*. ¿Sabes cómo funciona el sistema educacional de Cuba? Lee algunas informaciones en el Portal Educativo Cubano.

preescolar

LA ATENCIÓN EDUCATIVA A LA INFANCIA DE 0 A 6 AÑOS EN CUBA

primaria

La Educación Primaria es de carácter obligatorio y universal y tiene como principio enseñar, atender y educar, por igual, a todos los niños y las niñas comprendidos en el grupo de edades de 6 y 11 años y garantizar su formación integral.

Secundaria

Los estudios de Secundaria Básica se realizan en dos tipos de centros: las escuelas secundarias básicas urbanas (Esbu) y las escuelas secundarias básicas en el campo (Esbec); estas últimas con régimen interno. En todo el país funcionan 1006 centros, en los que se forman más de 43 468 alumnos. También existen las escuelas vocacionales de Arte (EVA), y las escuelas de iniciación deportiva (Eide).

Actualmente, la Educación Secundaria Básica en Cuba agrupa a los alumnos comprendidos entre los 12 y 14 años de edad, formando parte, junto con la Educación Primaria, de la educación básica obligatoria.

Preuniversitaria

La enseñanza abarca del 10mo al 12mo grados (14-18 años de edad) y es el nivel donde los jóvenes amplían, profundizan y generalizan sus conocimientos, enriquecen sus capacidades y habilidades generales para continuar los estudios universitarios, a la vez de constituir el momento de la toma de decisiones trascendentales para su vida profesional futura.

Sacado de: <www.rimed.cu/>. Acceso el 8 de mayo de 2011.

CULTURAS EN DIÁLOGO

a) Si fueras cubano, ¿estarías estudiando en preescolar, primaria, secundaria o preuniversitaria?
_____

b) ¿Cuál es la diferencia entre el sistema educacional cubano y el brasileño en cuanto a la organización por edades? Investiga con la ayuda de tu profesor. Puedes acceder al sitio electrónico del Ministerio de la Educación de Brasil: <www.mec.gov.br>. Acceso el 2 de marzo de 2012.
_____
_____
_____

c) ¿Sabías que Cuba es uno de los países de América Latina que tiene las menores tasas de analfabetismo tanto de niños como de adultos? Pregúntale a tu profesor de Historia sobre la educación en Cuba. ¿Cómo es? ¿Por qué sus tasas son mejores que de muchos países de América Latina?

2. En La Habana, capital de Cuba, nació un gran poeta revolucionario el 28 de enero de 1853. Su nombre es José Martí. ¿Lo conoces? Dijo muchas cosas sobre la educación.

¡A leer algunas de sus educadoras y poéticas citas!

> Saber leer es saber andar. Saber escribir es saber ascender. Pies, brazos, alas, todo esto ponen al hombre esos primeros humildísimos libros de la escuela. Luego, aderezado, va al espacio. (t. VII, p. 156.)
>
> Instrucción no es lo mismo que educación: aquella se refiere al pensamiento, y esta principalmente a los sentimientos. Sin embargo, no hay buena educación sin instrucción. (t. X, p. 23.)
>
> El que sabe más, vale más. Saber es tener. La moneda se funde, y el saber no. Los bonos, o papel moneda, valen más, o menos, o nada: el saber siempre vale lo mismo, y siempre mucho. (t. XII, p. 375.)

José Martí. *Obras completas*. La Habana: Editorial de Ciencias Sociales, 1975.

José Martí.

a) ¿Estás de acuerdo a lo que dice José Martí?: "Saber leer es saber andar. Saber escribir es saber ascender".
_____

b) Según José Martí, la instrucción no es lo mismo que educación. ¿Cuál es la diferencia?
_____

c) ¿Cuál es la diferencia entre el saber y el tener?
_____

d) Y para ti, ¿qué es la educación? Intenta definirla así como lo hizo José Martí.
_____

¿LO SÉ TODO? (AUTOEVALUACIÓN)

Lectura	¿Qué relataron Amina y Jabarte sobre sus rutinas?	¿Existe una sola y única historia?	¿Cuáles son los derechos de los niños?
Escritura	¿Cuál es mi rutina?	¿Qué sé sobre las historietas?	¿Qué onomatopeyas he aprendido?
Escucha	¿Me informo en los noticieros sobre la vuelta a clase en mi ciudad?	¿Reconozco la pronunciación de la **y** y de la **s** los uruguayos?	¿Qué aprendí sobre la vuelta a clase en Uruguay?
Habla	¿Navego mucho en internet?	¿Cómo organizo mis estudios?	¿Mis compañeros son adictos a internet?
Gramática	¿Sé usar los numerales cardinales y ordinales?	¿Qué verbos de rutina conozco?	¿Qué interjecciones conozco?
Vocabulario	¿Sé el origen de las palabras computadora y ordenador?	¿Cómo se organiza el sistema educativo de Uruguay y de Cuba?	¿Cómo se dice *email* en español?
Cultura	¿Qué sé sobre la educación en Cuba?	¿Cómo es la organización del sistema educativo brasileño?	¿Quién es José Martí?
Reflexión	¿Se respetan mis derechos a la educación?	¿Cuál es el peligro de una sola historia?	¿Qué sugerencias les daría a los gobernantes para mejorar la educación?

GLOSARIO VISUAL

Palabras en contexto

¿A qué hora haces tus tareas? Mira las imágenes. A observar lo que dicen estos estudiantes sobre sus organizaciones a la hora de hacer las tareas de la escuela.

Siempre tengo muchas tareas, por eso tengo que organizarme bien. Después de la siesta, empiezo mis estudios en casa, siempre a las 15h.

Pues yo no tengo una hora específica para hacer mis tareas, pero sí las hago. ¡Ah! Me olvidé, suelo estudiar después de ducharme. Así estoy más atento a la lectura de los textos.

Como voy a la escuela por la tarde, tengo la costumbre de hacer mis deberes así que me despierto, después de desayunar.

Soy bien desordenado. Sé que no es bueno eso, pero me cuesta cambiarlo. Mis padres siempre tienen que recordarme que haga las tareas. ¡Es un lío!

Ilustraciones: Sabrina Eras/ID/BR

Palabras en imágenes

carbón de palo

pintalabios

cepillo de dientes

techo

2 Anuncio la moda: ¿cuál es mi tribu?

En esta unidad...

... conoceremos las tribus urbanas y sus estilos, reflexionaremos sobre la moda y el estilo de cada uno, aprenderemos nombres de prendas de vestir y accesorios. Al final podremos contestar a las preguntas: ¿Cuál es mi tribu? ¿Qué sé sobre la moda?

¡Para empezar!

1. ¿Te acuerdas de Gaturro? ¡Lo conocimos en el libro del 6º año! Obsérvalo en la tira y después contesta a las preguntas.
   a) En la tira cómica, ¿cuáles son los dos significados de la palabra **tribu**?
   b) ¿Cómo va vestido Gaturro en cada uno de los dibujos? ¿Se viste de la misma manera?

2. ¿Conoces a otras tribus urbanas? ¿Perteneces a alguna de estas tribus? Charla con tu compañero sobre esas expresiones de vestirse y de pensar el mundo.

Transversalidad

Aquí el tema transversal es la cuestión del respeto a las diferencias en los modos de vestirse y expresarse. Además se hacen discusiones respecto al consumismo en la sociedad.

veinte y nueve 29

Género textual
- Anuncio de publicidad

Objetivo de lectura
- Identificar a los probables consumidores del producto.

Tema
- Prendas de vestir y consumismo

Lectura

Almacén de ideas

Contesta oralmente.

1. Lee el siguiente dicho y discútelo entre todos:

   > La publicidad es el alma del negocio.

2. ¿Has decidido alguna vez comprar algún producto a causa de la propaganda? ¿Cuál?

3. En el mundo de la moda, hay varias propagandas de prendas de vestir y accesorios femeninos y masculinos. Cuando hojeas revistas o cuando observas *outdoors* en las calles, ¿qué productos se anuncian más?

Red (con)textual

Vas a leer dos anuncios de un mismo producto pero de marcas variadas. En el primero, se afirma que el producto es especial para correr. En el segundo, se dice que usarlo significa escapar del aburrimiento. Lee los dos y luego circula el que está pensado exclusivamente para niños y niñas y señala con una X el que está relacionado a los deportistas.

Anuncio 1

El español alrededor del mundo

El calzado deportivo, tan usual hoy en todo el mundo, tiene en español diversos nombres:
- **Tenis, zapatos tenis, zapatos de tenis** en México, Colombia, Cuba, España, Honduras, Puerto Rico, República Dominicana, Bolivia, Guatemala, Nicaragua, Venezuela.
- **Zapatillas** en Argentina, España, Panamá, Paraguay, Perú.
- **Championes** en Paraguay, Uruguay, Puerto Rico.
- **Zapatillas de goma** en Chile.
- **Zapatillas de caucho** o **de lona** en Ecuador.

Un calzado especial para correr. Resistente, flexible, liviano. Hecho para darle confort, kilómetro tras kilómetro, gracias a su exclusiva planta de fórmula PR.

Sacado de: <www.arkivperu.com/blog/?p=2289>.
Acceso el 11 de abril de 2011.

30 treinta

Anuncio 2

Tejiendo la comprensión

1. ¿Qué elementos de cada anuncio te permiten afirmar que:
   a) los probables compradores de las zapatillas del anuncio 1 son deportistas?
   _____

   b) los probables compradores de las zapatillas del anuncio 2 son niños y niñas?
   _____
   _____

2. El eslogan del anuncio 1 es "Somos parte de ti" y del anuncio 2 es "Diversión sobre ruedas". ¿Te parecen creativos y llamativos? Explica por qué.
   _____
   _____
   _____

3. En los dos anuncios se usa el punto de exclamación: "¡Especial para correr!" y "¡Escápate del aburrimiento!". ¿Qué sentido produce ese uso?
   _____
   _____

4. En los dos anuncios se percibe una idea de movimiento, pero de formas diferentes.
   a) ¿En qué anuncio el movimiento da idea de levedad?
   _____

   b) ¿En qué anuncio el movimiento da idea de velocidad?
   _____

treinta y uno 31

5. Los textos de publicidad se definen en la búsqueda de llamar la atención del consumidor para el deseo de comprar determinado producto. De esta manera, se caracterizan por la persuasión, es decir, usan diferentes lenguajes para lograr la adhesión del lector. Al leer esos anuncios, ¿comprarías esos productos para ti o para regalárselos a alguien? ¿Qué marcas textuales y qué imágenes te llamaron la atención?
   _____

6. ¿Te consideras una persona consumista? ¿Gastas o consumes bienes que no siempre son necesarios?
   _____
   _____

Gramática en uso

1. Observa los atributos de las zapatillas del anuncio 1:

   > Un calzado especial para correr. Resistente, flexible, liviano. Hecho para darle confort, kilómetro tras kilómetro, gracias a su exclusiva planta de fórmula PR.

   a) Según el anuncio, ¿cuáles son las cualidades de las zapatillas?
   _____
   _____

   b) ¿Por qué en ese pequeño texto hay tantos adjetivos?
   _____
   _____

2. Observa lo que dice el anuncio 2:

   > Las únicas zapatillas que se convierten en *roller* y *roller* que se convierten en zapatillas, **con solo tocar un botón.**

   a) ¿Cuál es el adjetivo que se usa para calificar las zapatillas? ¿Con qué intención se lo usa?
   _____
   _____

   b) Relee la frase que aparece en negrita. ¿Qué efecto de sentido se produce al usar el adverbio **solo** en esa frase?
   _____
   _____

   c) ¿Qué verbo marca la idea de movimiento y de cambio en la frase?
   _____

   d) Completa la siguiente tabla, conjugándolo en las demás personas.

Yo	me convierto
Tú	
Vos	te convertís
Él / Ella / Usted	
Nosotros / Nosotras	
Vosotros / Vosotras	
Ellos / Ellas / Ustedes	

3. Lee el texto de la campaña en pro de la donación de ropas de trabajo – trajes, blusas, corbatas, etc. – para entregárselas a personas que estén buscando empleo.

A continuación, completa las frases conjugando el verbo **vestirse** en presente de indicativo:

Sacado de: <http://iclass.latinamericanboard.com/articulos-destacados/proyecto-vestirse-para-el-exito/>. Acceso el 15 de mayo de 2011.

a) Siempre _____ con ropas confortables cuando viajo en avión. Y vos, ¿ _____ ?

b) Mi hermana gemela y yo _____ igual. Y vosotras, ¿cómo _____ ?

c) ¡La profesora del octavo año _____ con mucha elegancia!

d) Según las tendencias de moda, este invierno las mujeres _____ con chaqueta de cuero.

4. Para vestirse, personas con limitaciones físicas necesitan dispositivos para facilitar la tarea de ponerse y quitarse prendas de vestir que pueden evitar, por ejemplo, que uno se agache o doble la columna.

Abrochabotones.

Barra con unos ganchos en los extremos.

Calzador de medias.

En las líneas a continuación escribe cómo esas personas se ponen y se quitan la ropa.

_____
_____
_____

treinta y tres 33

5. Lee la siguiente anécdota:

Quítatelo Quíteselo

Una mujer chilena que visitaba España se sentó a descansar en una plaza. En eso vio a un chico excesivamente abrigado. Como el nene estaba solo y se lo veía transpirado, le sugirió:

– Sácate el suéter.

El chico no entendió.

– Sácate el chaleco – intentó la señora.

Pero el nene siguió mirándola, intrigado.

– Sácate la chomba – probó la chilena.

Hasta que se acordó el término en español:

– Sácate el jersey.

El chico entonces, interrogó:

– ¿Qué quiere decir "sácate"?

La Revista de Clarín, domingo, 27 de junio de 1999.

a) El título de la anécdota es "Quítatelo Quíteselo". Mira en el diccionario el significado del verbo **quitarse** y escríbelo en las líneas abajo:
___

b) Busca en la anécdota qué verbo es sinónimo de **quitarse**.
___

c) ¿Por qué el chico, al final, le interrogó a la mujer chilena "¿Qué quiere decir 'sácate'?"?
___
___

d) En la anécdota, ¿qué palabras la mujer chilena usa como sinónimo de suéter?
___

e) Sabemos que la lengua varía dependiendo de la región, de la franja etaria, del tiempo, de la escolaridad, de la profesión, entre otros factores. En la anécdota, ¿a causa de qué elemento la variación ocurre? ¿Qué elementos te permiten afirmar cuál es el tipo de variación?
___
___

Vocabulario en contexto

1. El producto de los anuncios eran las zapatillas. ¿Cuando piensas en comprar zapatillas, las eliges con base a qué atributos? Marca los que más te llaman la atención:

   ( ) marca   ( ) precio   ( ) exclusividad
   ( ) moda   ( ) comodidad   ( ) estilo
   ( ) estatus   ( ) calidad   ( ) duración

2. En un proyecto de inversión de una tienda comercial se hizo una encuesta y, para la pregunta "cuando elige la prenda lo hace en base a", se calculó el siguiente porcentaje:

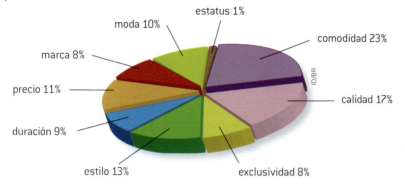

Atributos de preferencias

Sacado de: <www.monografias.com/trabajos58/proyecto-tienda/proyecto-tienda2.shtml>. Acceso el 14 de mayo de 2011.

¿Cuál es el atributo que más les interesa a los encuestados?
_____

¿Cuál es el atributo que menos les interesa a los encuestados?
_____

3. Uno de los atributos a la hora de elegir un producto es la moda. Relaciona la expresión a su significado:

   a) Estar de moda.   ( ) Algo que un día fue muy usado, perdió actualidad y no se lo ve en los escaparates.

   b) Estar pasado de moda.   ( ) Algo que está siendo usado en el momento y se lo ve en los escaparates.

4. A qué atributo de la encuesta se relacionan las siguientes palabras:

   descuento   rebaja   oferta   promoción

   _____

5. Ahora, ¡a hacer el gráfico de tu clase en relación a los atributos a la hora de comprar las zapatillas!
   a) Un alumno puede preguntarles los gustos a los compañeros usando la siguiente estructura:

   > Cuando eliges las zapatillas lo haces en base a…

   b) Otro alumno puede ir a la pizarra para apuntar los resultados.
   c) Entre todos, se puede hacer el gráfico con los porcentajes de la clase. ¿Cuál será el atributo de mayor y de menor preferencia? En el cuaderno, dibuja tu gráfico.

Género textual
- Anuncio de publicidad

Objetivo de escritura
- Vender un producto.

Tema
- Fragancia

Tipo de producción
- En grupos

Lectores
- Adolescentes consumidores de perfume

Escritura

Conociendo el género

Lee el siguiente anuncio de publicidad y contesta:

Sacado de: <http://modayestilo.wordpress.com/2008/07/31/un-nuevo-aroma-esta-en-la-argentina-bonita-paloma/>. Acceso el 11 de abril de 2011.

1. ¿Qué producto se vende? ¿Cuál es su nombre?

2. Según el anuncio, ¿cuáles son las cualidades del producto?

3. Observa la siguiente imagen:

¿Por qué se la usa en el anuncio? ¿Cuál es su relación con el producto?
_____

4. Arriba a la derecha, está escrito "Te quiero bonita". ¿Qué crees que eso significa?
_____

5. ¿Dónde se puede comprar ese producto?
_____

6. Además del local, hay otras informaciones sobre esa marca. ¿Qué otros datos aparecen en el anuncio? ¿Los crees importantes?
_____
_____

Planeando las ideas

¡Al mundo de la publicidad! Tu objetivo es crear un anuncio para vender una fragancia para adolescentes de tu edad. Para eso, es necesario crear y pensar en:
- el nombre y el eslogan de la marca de tus perfumes.
- el nombre del perfume que lanzarás en el mercado.
- un mensaje atractivo sobre ese nuevo producto de tu empresa.
- las imágenes del producto.
- las informaciones que deben constar en tu anuncio para que el lector encuentre tu tienda.

Taller de escritura

En grupos, vas a crear el anuncio. Hazlo primero como un esbozo en tu cuaderno. Fíjate en el tamaño de las letras y si es llamativo. Antes de presentárselo a todos, es importante hacer un repaso. Usa el diccionario para sacar las dudas de vocabulario. Después, usa cartulina para presentárselo a los demás. Si puedes, hazlo en la computadora.

(Re)escritura

Discute entre todos si el anuncio está coherente y llamativo. Considera las opiniones de tus compañeros y cambia lo necesario para ponerlo más atractivo todavía.

A quien no lo sepa

Para que sepan lo que los adolescentes buscan a la hora de comprar una nueva fragancia, es importante hacer una encuesta de mercado. Vete al sitio electrónico <www.juegosmodelo.com/juego/test-de-tu-perfume/> y participa del juego titulado ¿Cuál es tu aroma?. Él te ayudará a hacer la investigación. Después, en la escuela, charla con algunos alumnos y observa cuáles son sus gustos. Discute los resultados en tu grupo de trabajo.

Género textual
- Diálogo

Objetivo de habla
- Comprar prendas de vestir en una tienda.

Tema
- Prendas de vestir

Tipo de producción
- En parejas

Oyentes
- Vendedor de una tienda y comprador.

■ Habla

Lluvia de ideas

Véase también el objeto educacional digital "De compras".

1. 🎧 4 Imagínate en la tienda de ropas abajo. Escucha y repite los nombres de las prendas de vestir que ahí hay. Pon atención también en el diálogo para contestar las preguntas que siguen.

Vendedora: Sí, señor, ¿qué desea usted?
Comprador: Necesito unos pantalones.
Vendedora: Unos pantalones. ¿De qué color, señor?
Comprador: Blancos.
Vendedora: De acuerdo. ¿Qué talla usa usted?
Comprador: La 40. ¿Cuánto es, por favor?
Vendedora: Son 150 pesos.
Comprador: Bien, ¿pago aquí o en la caja?
Vendedora: En la caja, por favor.

38 treinta y ocho

2. Cuando quieres comprar prendas de vestir, hay que saber cuál es la talla, la forma de pago, de qué está hecha la ropa, su color, entre otras cosas. Además hay que elegir la forma de pago: ¿con tarjeta de crédito, con cheque o al contado? Lee la siguiente tabla para conocer algunas estructuras en español que te ayudarán a la hora de salir de compras.

Para preguntar el precio	¿Cuánto es? / ¿Cuánto sale(n)? / ¿Cuánto cuesta(n)? / ¿Cuál es el precio?
Para contestar sobre el precio	Son 15 euros. / El precio es accesible. / Es barato. / ¡Es tan caro!
Para preguntar la talla	¿De qué talla es? / ¿Qué talla usas tú? / ¿Qué talla usa usted? / ¿Qué talla usás vos?
Para contestar sobre la talla	Es la 36. / Uso la 42.
Para preguntar sobre el material	¿De qué está hecha la ropa?
Para contestar sobre el material	Está hecha de… / lana, algodón, cuero, seda, tela…
Para preguntar el color	¿De qué color es? / ¿De qué color la/lo tienes?
Para contestar sobre el color	Lo / la tengo… / color rosa, gris, azul, verde, rojo, violeta, café, marrón, amarillo(a), blanco(a), negro(a), de solo un color…

¡Ojo!

Piensa en el contexto de comunicación. ¿Con quién vas a hablar? ¿El tratamiento es formal o informal? Eso es importante, pues tienes que conjugar los verbos. ¿Vas a usar **usted**, **tú** o **vos**?

Rueda viva: comunicándose

¡A practicar el habla! Uno será el vendedor y el otro el que comprará alguna prenda de vestir presente en la tienda de ropas. En parejas, ¡a comprar!

¡A concluir!

Entre los vicios del siglo XXI, hay una patología ya reconocida por la medicina: la adicción a las compras. El consumismo, la insatisfacción y el materialismo son algunas de las causas de esa "enfermedad". ¿Vamos a reflexionar sobre eso? En el diálogo que has hecho con tu compañero, ¿has comprado solo lo necesario?, ¿has exagerado en tus compras?

Escucha

¿Qué voy a escuchar?

Género textual
- Propaganda institucional

Objetivo de escucha
- Rellenar con los conectores que faltan.

Tema
- Uniformes escolares

1. En la publicidad, no se venden exclusivamente productos sino también ideas. Vas a escuchar una propaganda institucional del gobierno de Puerto Vallarta, que se ubica en el estado de Jalisco, en México. Pero antes, observa la imagen de al lado.

   a) ¿Cuál es el eslogan de la municipalidad de Puerto Vallarta?
   _____

   b) ¿Qué idea crees que se intenta "vender" en la campaña que escucharás? Formula hipótesis.
   _____
   _____
   _____

2. En tu ciudad, al inicio del año lectivo, ¿tus padres tienen que comprar el uniforme escolar o el gobierno se lo distribuye a los alumnos de la escuela pública?
   _____

3. ¿Te gusta usar uniforme escolar? ¿Cuáles son sus ventajas y desventajas?
   _____
   _____
   _____
   _____

Escuchando la diversidad de voces

🎧 5 A continuación, escucha el texto de la campaña de Puerto Vallarta. Intenta rellenar los espacios en blanco con palabras que relacionen las oraciones y les den cohesión.

> Ella está contenta _____ ya no tiene que gastar en los uniformes de su hija. _____ al programa de uniformes escolares beneficiamos a más de nueve mil estudiantes de primaria y secundaria de todo el municipio.
>
> Trabajamos _____ vivas mejor.
>
> Gobierno Municipal de Puerto Vallarta.
>
> Sacado de: <www.youtube.com/watch?v=C_WGp9wDeho&feature=related>. Acceso el 27 de mayo de 2011.

cuarenta y uno 41

Comprendiendo la voz del otro

1. ¿Sobre qué es la campaña?
_____

2. ¿Quiénes son los que se benefician con la campaña?
_____

3. En la campaña, se dice que "Ella está contenta…". ¿Quién es ella?
_____

4. ¿Crees que campañas como esa son necesarias? ¿Por qué?
_____
_____

Gramática en uso

Relee la campaña y observa las palabras en negrita:

> Ella está contenta **porque** ya no tiene que gastar en los uniformes de su hija.
> **Gracias** al programa de uniformes escolares beneficiamos a más de nueve mil estudiantes de primaria y secundaria de todo el municipio.
> Trabajamos **para que** vivas mejor.
> Gobierno Municipal de Puerto Vallarta.

1. En el texto, las palabras **porque**, **gracias** y la expresión **para que** expresan, respectivamente, relaciones de:
   ( ) causa, causa, finalidad.
   ( ) consecuencia, finalidad y finalidad.
   ( ) causa, consecuencia y consecuencia.

2. En "Trabajamos **para que** vivas mejor", solo **no** se puede sustituir la expresión **para que** por:
   ( ) a fin de que.   ( ) con el objetivo de que.   ( ) debido a que.

3. En "Trabajamos para que vivas mejor", ¿qué pregunta se puede hacer para que la respuesta sea "para que vivas mejor"?
_____
_____

4. En "Ella está contenta **porque** ya no tiene que gastar en los uniformes de su hija.", solo **no** se puede sustituir la palabra en destaque por:
   ( ) debido a que.
   ( ) a causa de que.
   ( ) a fin de que.

5. En "**Gracias al** programa de uniformes escolares beneficiamos a más de nueve mil estudiantes de primaria y secundaria de todo el municipio", solo **no** se puede sustituir la expresión en destaque por:
( ) a causa del.   ( ) por culpa del.   ( ) debido al.

6. La expresión **gracias a** expresa que algo se realiza por causa de una persona o determinada cosa y presenta la causa de algo bien aceptado. Formula dos frases usando esa expresión.
_____
_____

7. La expresión **por culpa de** también expresa que algo se realiza por causa de una persona o determinada cosa. Sin embargo, presenta la causa de algo mal aceptado. Formula dos frases usando esa expresión:
_____
_____

Oído perspicaz: el español suena de maneras diferentes

¿Cómo se pronuncia en español la letra *j*?

En la campaña del Gobierno Municipal de Puerto Vallarta, escuchaste el sonido de la **j** en las palabras hi**j**a y me**j**or. ¿El sonido es el mismo que en portugués?

Tanto en la ortografía portuguesa como en la española existe la letra llamada **jota** (minúscula: **j**; mayúscula: **J**). Sin embargo es necesario saber que, en una y en otra lengua, la letra **jota** es la representación de fonemas diversos.

🎧 6 Escucha la pronunciación, tanto en español como en portugués, de las palabras a continuación.

en português	en español
adjetivo	adjetivo
alojamento	alojamiento
jamais	jamás
jardim	jardín
jasmim	jasmín
jota	jota
justiça	justicia
juvenil	juvenil

En portugués la **j** representa el fonema con el signo /ʒ/. Las palabras portuguesas **adjetivo** y **majestade** podrían representarse fonéticamente de la forma siguiente: /adʒetívu/, /maʒestádi/.

En español la **j** representa el fonema /x/ y la pronunciación de las palabras **jamás** y **justicia** sería: /**x**amás/ y /**x**usticia/.

cuarenta y tres 43

CULTURAS EN DIÁLOGO

nuestra cercanía

¡La artesanía es un arte! Trabajar con las manos requiere mucha habilidad y creatividad, ¿verdad? ¡A conocer algunas artes con manos de paraguayos y paraguayas!

¿Sabes que significan las palabras *aó poyví* y *aó po'í*?

Ellas son de origen guaraní, lengua indígena que también se habla en la República de Paraguay. Lee el siguiente texto para saber qué significan.

[...]

El hilado, como el tejido, es entre nuestra gente quehacer femenino y emplea, a veces, a toda la familia, particularmente en la producción comercial. Los hombres se encargan, a veces, de la comercialización.

El tejido se realiza en el telar casero, rústico, empleando los hilos apropiados para el tipo del tejido que se desea obtener; los principales son:

- el *aó po'í*, tejido o tela fina, liviano, suave, hecho con hilo de algodón fino, de trama discretamente apretada; es, generalmente de color blanco, pero también se confecciona en colores, con hilos de colores diversos. El centro principal de esta artesanía está en Jataitý, en el Guairá, cerca de Villarrica. El *aó po'í* sirve para confeccionar ropas más delicadas, como camisas, blusas, vestidos, el clásico ty*pói*, polleras, corbatas, etc.; y también manteles, toallas, servilletas, etc. Sobre esta tela se realizan bordados con hilo fino, blanco o en colores, resultando obras primorosas de artesanía. Se puede también combinar con encajes.
- el *aó poyví*, tela gruesa, más pesada, áspera, confeccionada con hilo de algodón más grueso; viene también en blanco y en colores y puede ser bordada, como el *aó po'í*. Sirve para confeccionar cobertores en general, mantas, colchas, frazadas, ponchos, etc.

Hoy, por la necesidad de trabajar más rápido y tal vez porque se paga poco por el hilado y el tejido por los métodos antiguos del huso y del telar caseros, se compran las telas *aó po'í* y *aó poyví* confeccionadas en fábrica...

[...]

Dionisio Torres. *Folklore de Paraguay*. Adaptado de: <www.portalguarani.com/obras_autores_detalles.php?id_obras=1598>. Acceso el 6 de mayo de 2011.

1. ¿Cuál es el tejido de tela fina? ¿Y el de tela gruesa?
   _____

2. Observa las prendas de vestir a continuación. Por la descripción de los tejidos y por la imagen, ¿cuál es el tejido del *typoi* y cuál es el del poncho?

_____

_____

3. En tu región, ¿hay la costumbre de confeccionar ropas artesanales? ¿Cuáles?
   _____

4. Relee el último párrafo del texto y discute entre todos los pros y contras existentes en la dicotomía artesanía × tecnología.
   _____
   _____

cuarenta y cinco 45

¿LO SÉ TODO? (AUTOEVALUACIÓN)

Lectura	¿Qué es un anuncio publicitario?	¿La publicidad es el alma del negocio?	¿Qué es un eslogan?
Escritura	¿Qué se necesita para crear un buen anuncio?	¿Qué es la persuasión?	¿Sé vender un producto?
Escucha	¿Qué ideas me gustaría "vender"?	¿Sé qué es una campaña publicitaria?	¿Sé pronunciar la jota?
Habla	¿Sé charlar con un vendedor en una tienda de ropas?	¿Cómo se pregunta el precio de una prenda de vestir?	¿Cómo pregunto sobre la talla de una ropa?
Gramática	¿Por qué se suelen usar adjetivos en los anuncios?	¿Sé usar las expresiones **gracias a** y **por culpa de**?	¿Qué otros verbos he aprendido?
Vocabulario	¿Qué nombres de prendas de vestir conozco?	¿Qué prenda de vestir es el poncho?	¿Cómo se dice **chaqueta** en América?
Cultura	¿Qué aprendí sobre el Paraguay?	¿Me gustan las artesanías?	¿Qué palabras indígenas conozco relacionadas a las prendas de vestir?
Reflexión	¿Soy un(a) consumista?	¿Respeto los modos de vestirse de cada uno?	¿Conozco a alguien adicto a las compras?

GLOSARIO VISUAL

Palabras en contexto

¿Eres consumista? Lee lo que dicen esos jóvenes sobre sus hábitos...

- Tengo un estilo propio. No soy *punk*, ni *emo*, pero los respeto.
- Me preocupo por el planeta. No me parece justo que las personas compren cosas que no van a utilizar.
- No les pido cosas caras a mis padres, pero me encantan las zapatillas coloridas. Si pudiera, las tendría de todos los colores.
- ¡Es que me vuelvo loca en los escaparates! Me gusta estar a la moda y sigo las tendencias...

Palabras en imágenes

planta — cremallera — manteles — hilo

Repaso: ¡juguemos con el vocabulario y la gramática!

Unidades 1 y 2

Individual

En la sopa de letras, encuentra seis numerales ordinales:

En parejas

¿Cómo valorar las prendas de vestir? A continuación hay dos imágenes. Para cada una, tienes que poner en la horca el adjetivo que elegiste para calificarla. Ojo al género (masculino/femenino) y a la cantidad (singular/plural). Tu compañero(a) tendrá que adivinar tus gustos.

a) ¿Cómo valoras la corbata?

b) ¿Cómo son estos calcetines?

cuarenta y siete 47

Repaso: ¡juguemos con el vocabulario y la gramática!

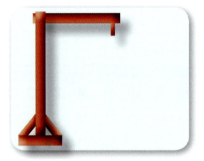 

En tríos

¡A producir nuestro juego! Vas a copiar las tarjetas a continuación en papel cartón. Después, recórtalas con la tijera y ponlas boca abajo. Luego, hay que barajar el juego. Cada alumno saca una tarjeta y tiene que cumplir la tarea indicada. El que la acierta se queda con la tarjeta. Si no la acierta, hay que poner la tarjeta nuevamente boca abajo y barajar el juego. Gana el que tenga más tarjetas en la mano al final del juego.

¿Te acuerdas de las onomatopeyas?
Di el sonido de esta imagen.

¿Te acuerdas de las onomatopeyas?
Di el sonido de esta imagen.

¿Te acuerdas de las onomatopeyas?
Di el sonido de esta imagen.

¿Te acuerdas de las onomatopeyas?
Di el sonido de esta imagen.

¿Aprendiste algunos conectores? A ver…
Haz una frase con la expresión "gracias a".

¿Aprendiste algunos conectores? A ver…
Haz una frase con la expresión "por culpa de".

¿Sabes pronunciar la *j* en español? ¡A hablar!
caja – tarjeta – jirafa – joven – juntos

¿Aprendiste algunos conectores? A ver…
Haz una frase con la expresión "para que".

¿Qué colores aprendiste?
Di el nombre de los colores:

48 cuarenta y ocho

En grupos

Vas a conocer las reglas del juego de tablero de la rutina. Se necesita un dado y una ficha para cada alumno.

Reglas: Empieza el que saque el mayor número en el dado. Para avanzar en las casillas, hay que andar el número equivalente del dado. En cada casilla, hay que formar frases con lo que ves. ¡Ojo!: hay que usar correctamente los verbos en presente del indicativo. ¡Solo avanza quien hace la conjugación correcta! Si acierta, continúa jugando. Si no acierta, pasa la vez. Gana el que llegue primero al final del tablero.

3 Programación y diversión: ¿a qué fiesta vamos?

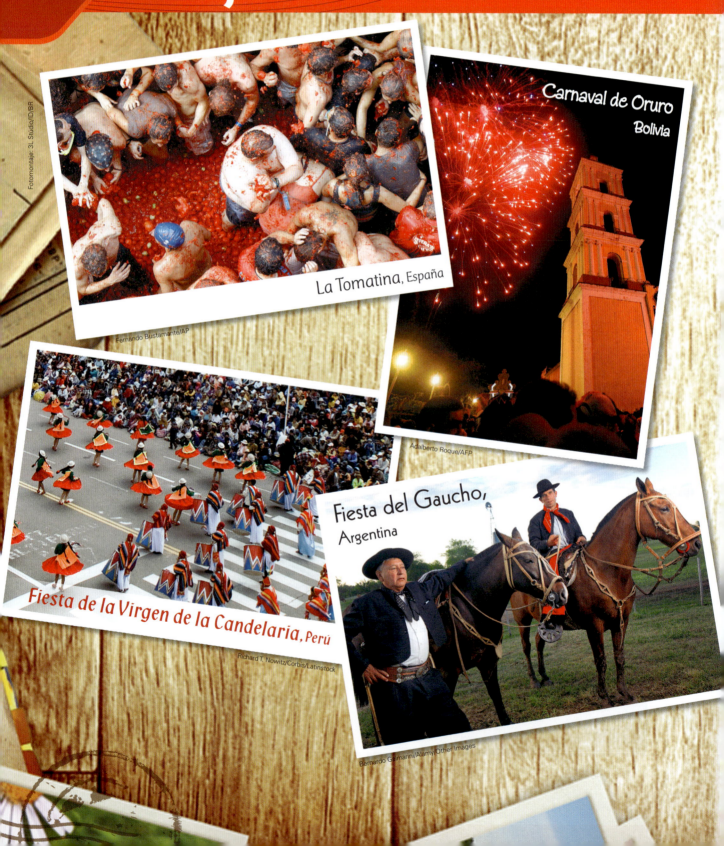

En esta unidad...

... conoceremos algunas fiestas populares del mundo hispánico, aprenderemos palabras relacionadas con los espacios públicos, cantaremos y bailaremos mucho. Al final podremos contestar a las preguntas: ¿A quiénes voy a invitar a mi fiesta? ¿Qué manifestaciones culturales de mi país y del mundo hispánico conozco yo?

¡Para empezar!

Observa las fotos de algunos países hispánicos.

1. ¿Qué hay en común entre estas imágenes?
2. ¡A buscar informaciones sobre estas fotos! Organícense en seis grupos y hagan una búsqueda en internet ¿En qué ciudad(es) ocurren? ¿Cuándo? ¿Qué se conmemora?
3. ¡A pensar en tu ciudad! ¿Qué fiesta popular es más común donde vives? ¿A qué fiesta de los países hispánicos se asemeja más?

Parrandas, Cuba
Aizar Raldes/AFP

Fiesta de los Muertos, México
Alfredo Estrella/AFP

Transversalidad

Aquí el tema transversal es la cuestión del respeto a las manifestaciones culturales de diversos pueblos.

cincuenta y uno 51

Género textual
- Programa

Objetivo de lectura
- Identificar elementos que marquen que las Fallas son una fiesta popular.

Tema
- Fallas de Valencia

Lectura

Almacén de ideas

1. Las Fallas son una fiesta popular muy conocida y famosa de Valencia en España. ¿Conoces su origen histórico? ¿Sabes qué se hace en esa fiesta? ¿Sabes cómo es su cierre? Relaciona las dos columnas e intenta contestar a estas tres preguntas.

    a) Origen de las Fallas. ( ) La fiesta se acaba con la cremá, momento en el que los gigantescos monumentos falleros se queman.

    b) Cómo es la fiesta. ( ) Esta fiesta se remonta a la antigua tradición de los carpinteros de Valencia. En vísperas de la fiesta de San José, patrón de los carpinteros, se quemaban los trastos que no les servían.

    c) Cierre de las Fallas. ( ) En esa fiesta ocurre una exposición de ninots, las mascletás y la Fallera Mayor.

2. ¡A conocer un poco más el vocabulario de las fiestas falleras! ¿Sabes qué significan las palabras **ninots**, **mascletás** y **Fallera Mayor**? Relaciona sus significados a las imágenes:

    a) **Ninots**: muñecos o figuras que componen los monumentos falleros.

    b) **Mascletás**: espectáculos realizados con petardos muy potentes.

    c) **Fallera Mayor**: reina de la fiesta que representa a todos los falleros.

( )

( )

( )

3. Las Fallas de Valencia ocurren en marzo y finalizan el día de San José, el 19 de marzo. Vas a leer una programación de las Fallas de 2010. ¿Qué esperas encontrar en la programación?

_____
_____
_____

Red (con)textual

En la lectura del programa, subraya las palabras y expresiones que señalan que las Fallas son una fiesta popular. ¡Ojo! Ellas tienen que ver con los espacios públicos.

Sábado 13 de marzo

A las **14:00** horas. Mascletá en la Plaza del Ayuntamiento.

A las **22:30** horas. Cabalgata folclórica, con el siguiente itinerario: Salida Calle Játiva, Marqués de Sotelo, Plaza del Ayuntamiento por Correos hasta el cruce de San Vicente con María Cristina, Plaza del Ayuntamiento, Marqués de Sotelo, para finalizar en la Calle Játiva. Después, mascletá de colores.

Domingo 14 de marzo

A las **14:00** horas. Mascletá en la Plaza del Ayuntamiento.

A las **15:00** horas. Clausura de la Exposición del "Ninot infantil". La recogida de ninots será a partir de las 18:00 horas.

Lunes 15 de marzo

A las **8:00** horas.   Plantá de todas las Fallas Infantiles.
A las **12:00** horas. Homenaje al Fallero.
A las **14:00** horas. Mascletá en la Plaza del Ayuntamiento.
A las **18:00** horas. Clausura de la Exposición del "Ninot".
A la **1:00** hora.   Castillo de fuegos artificiales en el Paseo de la Alameda.

Martes 16 de marzo

A las **8:00** horas.   Plantá de todas las Fallas.
A las **12:00** horas. Inauguración de la Exposición Antológica de la Fiesta de las Fallas, organizada por el Gremio Artesano de Artistas Falleros.
A las **14:00** horas. Mascletá en la Plaza del Ayuntamiento.
A las **16:30** horas. Reparto de premios obtenidos por las Fallas Infantiles en las diferentes Secciones, así como de Presentaciones, Belenes, Cabalgata del Ninot Infantil y Librets de Fallas, en la tribuna instalada frente al Ayuntamiento.
A la **1:00** hora.   Castillo de fuegos artificiales en el Paseo de la Alameda.

Miércoles 17 de marzo

A las **9:30** horas.   Reparto de premios obtenidos por las Fallas en las diferentes Secciones, así como, por los conceptos Cabalgata del Ninot, Concurso de Calles Adornadas e Iluminadas, de Presentaciones y de Librets de Fallas, en la tribuna instalada frente al Ayuntamiento.
A las **14:00** horas. Mascletá en la Plaza del Ayuntamiento. Ofrenda de flores a la Virgen de los Desamparados.
A las **18:00** horas. En el cauce del río Turia, frente a las Torres de Serranos, la Escuela de Aeroestación de Valencia realizará una exhibición aerostática y dará el bautismo del aire a la Fallera Mayor de Valencia y su Corte de Honor.
A la **1:00** hora.   Castillo de fuegos artificiales en el Paseo de la Alameda.

Jueves 18 de marzo

- **A las 11:00 horas.** Homenaje al poeta Maximiliano Thous, en su monumento, situado en el cruce de las calles Sagunto con Maximiliano Thous. Al finalizar, disparo de una Mascletá.
- **A las 12:00 horas.** Homenaje al Maestro Serrano, que tendrá lugar en el monumento dedicado a él, en la Avenida Reino de Valencia. Al finalizar, disparo de una Mascletá.
- **A las 14:00 horas.** Mascletá en la Plaza del Ayuntamiento. Ofrenda de flores a la Virgen de los Desamparados.
- **A las 18:00 horas.** En el cauce del río Turia, frente a las Torres de Serranos, la Escuela de Aeroestación de Valencia realizará una exhibición aerostática y dará el bautismo del aire a la Fallera Mayor Infantil de Valencia y su Corte de honor.
- **A la 1:30 hora.** "Nit del Foc" en el Paseo de la Alameda.

Viernes 19 de marzo

- **A las 11:00 horas.** En el Puente de San José, las Falleras Mayores de Valencia y sus Cortes de Honor harán una Ofrenda de Flores ante la imagen del Patriarca. Al finalizar, disparo de una Mascletá.
- **A las 12:00 horas.** Misa Solemne en Honor del Patriarca San José en la Catedral de Valencia, oficiada por el Excelentísimo Sr. Arzobispo de Valencia, Monseñor Carlos Osoro Sierra, ofrecida por la Junta Central Fallera y el Gremio de Artistas Carpinteros, con la asistencia de las Falleras Mayores de Valencia y sus Cortes de Honor.
- **A las 14:00 horas.** Mascletá en la Plaza del Ayuntamiento.
- **A las 19:00 horas.** Cabalgata del Fuego, con el siguiente itinerario: salida calle Ruzafa, Colón y Porta de la Mar.
- **A las 22:00 horas.** Cremá de las Fallas Infantiles.
- **A las 22:30 horas.** Cremá de la Falla Infantil que haya obtenido el Primer Premio de la Sección Especial.
- **A las 22:30 hora.** Cremá de la Falla Infantil de la Plaza del Ayuntamiento.
- **A la 00:00 hora.** Cremá de todas las Fallas de Valencia.
- **A la 00:30 hora.** Cremá de la Falla que haya obtenido el Primer Premio de la Sección Especial.
- **A la 1:00 hora.** Ramillete de fuegos aéreos en la Plaza del Ayuntamiento y Cremá de la Falla.

Sacado de: <http://fiestas.practicopedia.com/fallas/como-es-el-programa-de-las-fallas-2010-10110>. Acceso el 31 de enero de 2012.

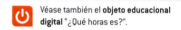

Véase también el **objeto educacional digital** "¿Qué horas es?".

Tejiendo la comprensión

1. ¿Cómo se organiza la programación? ¿Qué informaciones son importantes para direccionar al que quiere participar de la fiesta?

2. En las Fallas hay un momento en que la Fallera Mayor y el resto de las falleras, con sus trajes típicos y acompañadas con una banda de música, llevan miles de flores a la Virgen. ¿En qué días y hora eso ocurre?

54 cincuenta y cuatro

3. ¿Cuándo ocurren las mascletás?
   _____

4. ¿En qué día la cremá ocurre? ¿Qué se quema ahí?
   _____

5. ¿Quiénes pueden participar de esa fiesta? ¿Sólo los adultos?
   _____
   _____

6. Has conocido el significado de algunas palabras típicas de las Fallas: **ninot**, **cremá** y **mascletás**, por ejemplo. Pero hay otras palabras típicas usadas en la programación de esa fiesta. Investiga qué significa:

   a) Plantá:
   _____

   b) Cabalgata:
   _____

   c) Nit del Foc:
   _____

7. Lee la siguiente noticia sobre las Fallas de 2008 y descubre qué significa la Crida en las Fallas.

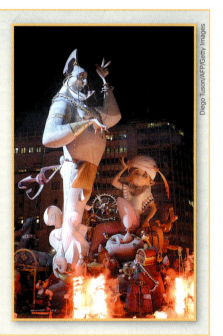

Con la "Crida" más infantil arrancan las Fallas 2008

El 24 de febrero a las 20:00 con la tradicional Crida, la Fallera Mayor de Valencia, Gloria Mártinez, invitó a todos los valencianos y valencianas y a aquellos que quieran visitar la ciudad a vivir la fiesta fallera. La alcaldesa de Valencia, Rita Barberá, le hizo entrega de la llave de la ciudad.

Por primera vez los niños tuvieron participación en este acto ya que sobre las torres se proyectaron una selección de dibujos; al mismo tiempo, la voz en *off* de la fallera mayor infantil de Valencia, Victoria Blázquez, narraba un cuento.

Revista *El Buscapiés*, año II, n. 6, marzo de 2008.

_____
_____

8. Imagínate en Valencia en la época de las Fallas, pero, desgraciadamente, solo tienes un día para festejar, pues tienes otras actividades. ¿Cuál de los días elegirías para ir a las calles y vivir la fiesta fallera? ¿Por qué?
   _____

Vocabulario en contexto

1. Las Fallas son una fiesta popular que ocurre en espacio público. ¿Dónde ocurren dentro de la ciudad?
   _____
   _____

2. Observa la imagen y escribe abajo el nombre de los locales públicos.

   plaza   avenida   calle   cruce   acera   puente

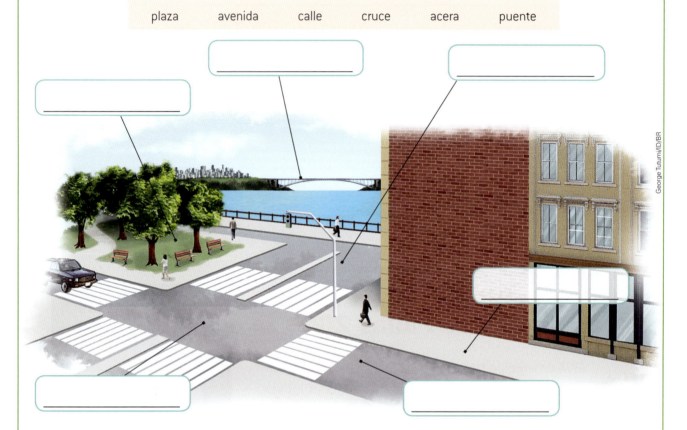

3. Escribe al lado de la definición la letra que corresponde con las palabras de la izquierda:

   a) la esquina   ( ) ángulo formado en el cruce de dos calles o avenidas.
   b) la manzana   ( ) parte de la calle o de la carretera por donde circulan los medios de transporte.
   c) la calzada   ( ) parte más alta que la calzada por donde circulan los peatones o transeúntes.
   d) la acera   ( ) espacio cuadrangular rodeado por calles por todos sus lados.

   El español alrededor del mundo

   Al camino pavimentado que hay a cada lado de una calle, generalmente más elevado que ésta, reservado para la circulación de los peatones, se le llama de diversas formas en el amplio mundo hispanohablante. Algunos ejemplos:
   - acera (en la mayor parte de las regiones)
   - vereda (en buena parte de Sudamérica)
   - calzada (en República Dominicana)
   - banqueta (en México y Guatemala)
   - contén (en Cuba)
   - andén (en Colombia)

56 cincuenta y seis

4. En las ciudades, se pueden encontrar muchos establecimientos. Abajo, hay una imagen de un barrio. De los establecimientos en el cuadro abajo, ¿cuáles hay en este barrio?

boca de metro	museo	bar	hospital
parada de autobús	iglesia	cafetería	colegio
banco	parque	biblioteca	farmacia
oficina de correos	restaurante	ayuntamiento	quiosco

_____

5. Observa cómo se escriben algunos nombres de establecimientos comerciales en portugués y en español:

Portugués	Español
livraria	librería
papelaria	papelería
padaria	panadería
pizzaria	pizzería

a) En español, ¿cuál es el sufijo que marca el local donde se compran libros, papeles, panes y *pizzas*?

_____

b) Siguiendo esa regla, investiga y escribe el nombre de los establecimientos donde:
- se compran carnes: _____
- se venden verduras: _____
- se corta el pelo: _____

cincuenta y siete 57

Gramática en uso

1. Observa las siguientes frases de la programación. ¿Para qué sirven las palabras en destaque?

> "… **en** la tribuna instalada **frente al** Ayuntamiento."

> "… harán una Ofrenda de Flores **ante** la imagen del Patriarca."

> "Castillo de fuegos artificiales **en** el Paseo de la Alameda."

2. Para localizarse en un espacio, existen otras palabras que nos direccionan. Vas a observar las siguientes imágenes y escribirás las expresiones de localización que les correspondan.

a la izquierda de	al lado de	detrás de	delante de
a la derecha de	enfrente de	al final de	en la esquina

a) Pedro está _____ cine.
b) Hay una farmacia _____ de la calle Florida.
c) _____ banco hay una parada de autobús.
d) El bar está _____ museo.
e) _____ la escuela hay un restaurante.
f) _____ la parada de taxis hay una cabina telefónica.
g) El teatro está _____ hotel.
h) La iglesia está _____ la avenida principal.

3. En la programación las horas son muy importantes para marcar el inicio del evento. En la programación de las Fallas, hay las siguientes expresiones:

> A partir de las 18:00 horas.

> A las 18:00 horas.

¿Cuál de estas dos expresiones determina la hora exacta que empezará el evento?
_____

4. A continuación, investiga y escribe el significado de las expresiones: "sobre las 18:00", "hacia las 18:00", "alrededor de las 18:00" y "a eso de las 18:00".
_____

Escritura

Conociendo el género

Género textual
- Tarjeta de invitación

Objetivo de escritura
- Invitar a los amigos a una fiesta de temática hispánica.

Tema
- Fiesta hispánica.

Tipo de producción
- Conjunta

Lectores
- Los invitados a la fiesta

1. Lee las siguientes tarjetas de invitación para fiestas. Fíjate en los elementos lingüísticos y gráficos: ¿a qué tipo de fiestas se relacionan cada invite?

Tipo de fiesta: _____

Tipo de fiesta: _____

2. Ahora, contesta:

   a) Observando la invitación **1**, ¿cuál sería la edad aproximada del dueño o dueña de la fiesta?
   _____
   _____

   b) En la invitación **2**, ¿cuál es el tratamiento usado para invitar a las personas?
   _____

   c) Por el diseño gráfico de las tarjetas, piensa: ¿cómo será la decoración de cada fiesta?
   _____
   _____
   _____

   d) ¿Has tenido alguna fiesta con tarjeta de invitación? ¿Cuándo? ¿Cuál era el tema de la decoración?
   _____
   _____

3. Las tarjetas que has leído anteriormente son de fiestas más particulares o familiares, ¿no? Pues ahora vas a leer un *folder* de invitación a una fiesta popular, de motivo típico y cultural.

   Contesta:

   a) ¿Dónde y cuándo fue la fiesta? ¿Qué se celebró?
   _____
   _____
   _____

   b) ¿Qué atracciones había en la Fiesta Latina?
   _____
   _____
   _____

   c) ¿Qué lenguas aparecen en la invitación? ¿Por qué?
   _____
   _____
   _____

Planeando las ideas

1. Vas a crear una tarjeta de invitación para una fiesta hispánica. Pero antes, a planear las ideas: ¿qué elementos no podrán faltar en la fiesta y qué se necesita citar en la invitación para animar a las personas a que participen en ella? ¿Cuál sería la manera más creativa de invitar a una fiesta con temática hispánica?
   _____

2. Investiga más sobre la cultura, la comida y la música de los países de habla española. Selecciona aquellos países que a ti te parecen más atractivos y ¡a trabajar!

Taller de escritura

¡A escribir la tarjeta! Puedes hacerla en la computadora o a mano. Debes hacerla en cantidad, pues vas a distribuirla entre los amigos. Lo más interesante es que la fiesta realmente se realice.

(Re)escritura

Vuelve a tu tarjeta y observa si:
- está bonita y atractiva, esto es, si ella contribuye a dar ganas de ir a la fiesta;
- está bien redactada, con fecha y horario correctos;
- presenta bien la decoración, los eventos programados, la comida y la música que van a mover la fiesta.

Escucha

¿Qué voy a escuchar?

Género textual
- Música

Objetivo de escucha
- Ordenar la letra de la canción.

Tema
- La fiesta

¡La fiesta va a empezar! Nada mejor para alegrar una fiesta que una buena música, ¿verdad? Vamos a escuchar una canción que habla sobre fiestas que forma parte de la banda sonora de la telenovela venezolana *Isa TKM*. Pero antes, a reflexionar:

1. ¿Has escuchado alguna canción venezolana?
   _____

2. ¿Conoces la telenovela *Isa TKM*?
   _____

3. ¿Qué esperas escuchar en esa canción?
   _____
   _____

A quien no lo sepa

Esta canción forma parte de la banda sonora de *Isa TKM*, telenovela juvenil venezolana, originada del canal de TV Nickelodeon Latinoamérica, cuyo enredo se centra en Isabella (interpretada por María Gabriela de Faría), una muchacha con talentos vocales que forma un grupo musical con los amigos del colegio. La segunda temporada de esa trama, llena de músicas y danzas, se llama *Isa TK+*.

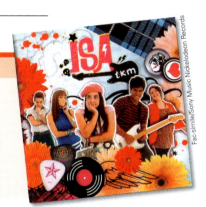

Escuchando la diversidad de voces

1. Ahora vas a escuchar la canción y ordenarla según la oyes. **¡Ojo!** Cuando los versos empiezan a repetirse, no necesitas numerarlos más.

Ven a bailar

Versos	Orden (nº)
Esta fiesta va a empezar Nos tenemos que animar Hoy podemos disfrutar, ¡ven a bailar!	
Hay un camino que seguir Hay muchas puertas que se van a abrir	
Es un lugar para los dos Siento latir más fuerte el corazón	
Amor es para conquistar Qué más puedo decir si hay mucho por andar Aquí nos puede pasar Aquí nos puede pasar	

Versos	Orden (nº)
A ver qué dice el corazón Qué más puedo decir si suena esta canción Aquí se pone mejor Aquí se pone mejor	
Yo sé que voy a conocer Las cosas que esperaba y que tanto soñé Aquí puede suceder Aquí puede suceder	
Hay muchos sueños que vivir También amigos para compartir	

Sacado de: <http://letras.terra.com.br/isa-tkm/1463383/>.
Acceso el 11 de marzo de 2011.

Comprendiendo la voz del otro

1. En relación con la letra de la canción, podemos identificar algunas palabras o expresiones que se repiten. ¿Cuáles son?
   _____
   _____

2. ¿Qué relación se hace en la canción entre amor, baile y fiesta?
   _____
   _____

3. ¿Cómo es el ritmo de la canción?
   _____
   _____

4. ¿Te invita el ritmo al acto de bailar? ¿Cómo la coreografiarías?
   _____
   _____

5. Intenta con tus compañeros, en grupos de seis, coreografiar la música. A ver qué grupo inventa coreografías más interesantes.
   _____
   _____
   _____

Oído perspicaz: el español suena de maneras diferentes

Relación entre la letra *c* y los fonemas /k/, /θ/ y /s/. Pronunciación de las letras *qu* y *k*.

Cuando a la letra **c** siguen las vocales **a**, **o**, **u** (o las consonantes **r**, **l**) está representando el fonema /k/, que es una consonante velar, pronunciada en la parte posterior de la cavidad bucal, donde está el **velo** del paladar:

> coche /kóche/   clamar /klamár/

Ahora bien, cuando a la letra **c** sigue una **e** o una **i**, se pronuncia de dos maneras, dependiendo de la región. En el centro y norte de España, la **c** seguida de **e**, **i**, se pronuncia como fonema interdental (poniendo la lengua entre los dientes):

> cena /θéna/   ciudad /θiudá/

En el sur de España, en las Islas Canarias y en toda América, la **c** seguida de **e**, **i** se pronuncia como **ese** /s/:

> cena /séna/   ciudad /siudá/

El fonema /k/, en la escritura, puede representarse también por **qu**, al que puede seguirle la vocal **e** (queso /késo/) o la vocal **i** (quieto /kiéto/). El alfabeto español cuenta también con la letra **k**:

> karate /karáte/   kiwi /kíwi/

🎧 **8** Escucha las dos pronunciaciones de las siguientes palabras. Después, escribe en el espacio el fonema /k/, /θ/ o /s/, según corresponda.

	Centro y norte de España	Venezuela
acabar	/a_____abár/	/a_____abár/
kilo	/_____ílo/	/_____ílo/
cine	/_____íne/	/_____íne/
química	/_____ími_____a/	/_____ími_____a/

Gramática en uso

En la canción "Ven a bailar", de Isa TKM, aparecen algunas expresiones que se nombran en gramática "perífrasis de futuro". Mira los ejemplos:

> "Esta fiesta **va a empezar**"   "Yo sé que **voy a conocer**"
> "Hay muchas puertas que **se van a abrir**"   "¡**Ven a bailar**!"

La perífrasis "ir + a + infinitivo" es el uso del presente del indicativo con **valor de futuro cercano**:
"Vamos a charlar en un rato".

Vamos a planear una fiesta para el sábado próximo. ¿Qué cosas va a haber en ella? Usando el futuro perifrástico, haz los planes:

El tema de la fiesta del próximo sábado _____ (ser) la hispanidad.

El evento _____ (empezar) a las seis y _____

(terminar) a medianoche. En la fiesta _____ (tocar) todos los

estilos musicales en idioma español. Los invitados _____ (bailar) y

_____ (divertirse) un montón. Yo _____

(ser) el mejor anfitrión del mundo.

⏻ Véase también el **objeto educacional digital** "El juego de los ninots".

sesenta y tres **63**

Género textual
- Llamada por teléfono

Objetivo de habla
- Sacar dudas de la programación.

Tema
- Fiesta del Mate

Tipo de producción
- En parejas

Oyentes
- Responsable por la organización del evento

■ Habla

Lluvia de ideas

1. En Argentina, Brasil, Paraguay y Uruguay, hay una costumbre muy común: beber el mate. Para prepararlo se necesitan la bombilla, el mate y la yerba. Lee los significados de estas palabras y escribe bajo cada imagen su nombre:

Bombilla	Utensilio de metal o caña utilizado para beber el mate.
Mate	Recipiente de calabaza, metal, caña de bambú, madera u otro material.
Yerba	Planta originaria de América del Sur usada en la preparación de la bebida.

_____   _____   _____

2. Ahora, observa las imágenes abajo y di qué bebida es esta:

_____

_____

A quien no lo sepa

En Paraguay, para adaptarse al clima, se toma el mate frío. Se lo nombró tereré. También en Brasil y regiones de Argentina, a causa de las altas temperaturas, al revés del tradicional mate con agua caliente, se prepara el tereré y se usa una jarra térmica de boca ancha que permite agregar hielo.

3. En la región Sur de Brasil, también se toma esa bebida, pero allí, la nombran diferente. ¿Sabes su nombre? Investiga.

_____

4. En Argentina, hay fiestas específicas que celebran el hábito cultural de tomar el mate. A continuación hay un folleto con programaciones. Léelo.

Sacado de: <www.municipalidadbaradero.com/?p=1173>. Acceso el 25 de marzo de 2011.

a) ¿Cuál es el nombre de la fiesta?
_____

b) ¿Por qué crees que hay fiestas así para conmemorar el mate? ¿Cuál es su importancia cultural?
_____
_____

c) En la programación del folleto, hay exposiciones, competencias, conferencias, degustaciones y festival. Imagínate en Baradero, en el Paseo del Puerto. ¿Qué cosas te gustaría ver?
_____

sesenta y cinco   65

Rueda viva: comunicándose

Imagínate de vacaciones con tu familia y un amigo de clase en la 8ª Fiesta Provincial del Mate. El evento va a ser los días 9, 10 y 11 de octubre, pero no viene el horario en que van a pasar algunas cosas. Para saber los horarios, es necesario llamar a los responsables por el evento. En el folleto, está el número de teléfono.

¡A hablar por teléfono! ¡A escenificar la conversación! En parejas, uno será la persona que llama y el otro la persona que contesta la llamada. Usa la perífrasis de futuro **ir + a + infinitivo** en tu charla. Ejemplo: *¿A qué hora va a empezar la fiesta?*

Vocabulario de apoyo

Algunas expresiones para:

Hacer la llamada…
¿Perdone, el señor Carlos está?
¿La Sra. Martínez, por favor?
Hola, ¿está Iván?
Oye, quiero hablar con Pedro.
Buenas tardes, ¿ahí es…?
Buenos días, ¿puede ponerse Pedro, por favor?

Contestar la llamada…
¿Diga?
¿Bueno?
¿Oye?
¿Dígame?
¿Hola?
¿Sí? ¿Quién habla?
¿Con quién desea hablar?
¿De parte de quién?
Listo. Dígame.
Un rato, por favor.

Terminar la llamada…
Entonces, hasta el lunes.
Gracias por la información. Buenas tardes.
Un abrazo. Hasta luego.
Bueno, gracias, adiós.
Tengo que colgar, ¿vale?
Nos hablamos después.
Hasta la vista.

Otras expresiones:
Cuándo la línea "está ocupada" se le puede decir en español que "está comunicando" o que "está ocupado".
Se cortó la llamada.
Perdona/Disculpe, número equivocado.
No corte.
Quiero hacer una llamada a cobro revertido.

¡Ojo!

Piensa en el contexto de la comunicación. ¿Con quién vas a hablar? ¿El tratamiento es formal o informal? Eso es importante, pues tienes que conjugar los verbos. ¿Vas a usar **usted**, **tú** o **vos**?

¡A concluir!

Seguro que a la hora de comunicarte por teléfono, tuviste dudas de vocabulario y como la llamada es en tiempo real, no fue posible buscar en el diccionario la palabra que querías usar en español. ¡Ahora puedes! Con tu compañero, busquen las palabras desconocidas y una vez más, escenifiquen la conversación.

CULTURAS EN DIÁLOGO

nuestra cercanía

1. Seguramente sabes que nuestro Carnaval es muy famoso. Mucha gente dice que el Carnaval de Brasil es el mejor del mundo. Lee dos notas sacadas de *El Almanaque*, que comenta justamente eso.

¿Qué tiene el Carnaval de Río, que tanto nos fascina? Es distinto de todos, es tan espectacular, que se cotiza como los grandes espectáculos: se venden entradas para ver los desfiles y las rúas, se venden a las televisiones los derechos de transmisión como si se tratara de grandes partidos de fútbol o de Juegos Olímpicos. La grandiosidad, la belleza, el ritmo, la gracia, la sensualidad que de ellos emana, bien lo valen. Cuentan los que conocen la historia, que estos carnavales aún no han cumplido los 200 años. Pero al igual que todos los carnavales que en el mundo son y han sido, traen su origen de las grandes ceremonias romanas propias del mes de febrero, el de las purificaciones.

Desfile en la Marquês de Sapucaí, Río de Janeiro.

De todos los carnavales de Brasil, te recomendamos el de Salvador de Bahía. Es el que gracias al sentimiento de los bahianos, su oposición a la mercantilización del carnaval, ha mantenido casi intacto su carácter. Además, el que Bahía sea la ciudad musicalmente más avanzada e importante de Brasil hace que estos seis días, donde no hay otra cosa más que música y baile en las calles, sean la manifestación más auténtica del espíritu de los carnavales brasileños. Los Blocos son las grandes atracciones del carnaval. Son mucho más que simples grupos musicales para los bahianos, debido a la implicación de los más importantes en la mejora de las condiciones sociales y culturales de los más pobres.

Sacado de: <www.elalmanaque.com/carnaval/brasil.htm>.
Acceso el 10 de abril de 2011.

Carnaval en Salvador, Bahía.

sesenta y siete 67

CULTURAS EN DIÁLOGO

a) ¿Cómo es el Carnaval en tu ciudad? ¿La gente lo conmemora?
___

b) ¿Te gusta esa fiesta? ¿Qué fiesta brasileña te gusta más?
___

c) ¿Sabías que hay otros carnavales en el mundo? Vuelve al texto y busca el origen del Carnaval.
___

2. Cuando se junta la gente en la calle son necesarios algunos cuidados, pues pueden ocurrir peleas, robos, líos y uno puede perderse en el medio de la multitud. En Guaranda, Ecuador, el Carnaval es muy popular. Lee la descripción de la fiesta:

> El Carnaval es la celebración popular por excelencia. Alegre, jubilosa, llena de tradiciones, disfraces ingeniosos y originales. Las calles se convierten en un escenario lúdico y festivo, con participación colectiva, donde el espectador forma parte activa de la fiesta. Guaranda se pone de cabeza, todo se trastoca.
>
> Sacado de: <www.unaplauso.com/carnaval-de-guaranda_av372af2.html>. Acceso el 9 de abril de 2011.

El Ministerio de Turismo de Ecuador y el Ayuntamiento hicieron una campaña educativa en las escuelas. Fíjate en el eslogan de la campaña:

Si hay agresión, pierdes tu tradición.

a) ¿Cómo interpretas ese eslogan?
___
___

b) ¿Por qué crees que fue necesaria la creación de la campaña?
___

c) ¿Crees que en el Carnaval brasileño es necesario hacer campañas como esa? ¿Por qué?
___

d) Crea un eslogan para nuestro Carnaval, teniendo en cuenta la tradición popular de la fiesta y el respeto a los otros fiesteros.
___

Vocabulario de apoyo
Jubiloso: es lo mismo que alegre.
Ingenioso: que tiene chispa, talento para ver el lado gracioso de las cosas.
Lúdico: perteneciente o relativo al juego.
Festivo: alegre, gozoso.
Ponerse de cabeza: con muchos quehaceres, revuelto.
Trastocarse: trastornarse, perturbarse.

¿LO SÉ TODO? (AUTOEVALUACIÓN)

Lectura	¿Identifico las características y funciones de una programación?	¿Sé programar un evento cultural?	¿Reconozco aspectos lingüísticos de las Fallas?
Escritura	¿Sé escribir tarjetas de invitación a una fiesta?	¿Escribo mensajes atractivos para una fiesta?	¿Corrijo y reviso mis textos?
Escucha	¿Logro reconocer ritmos musicales?	¿Conozco a Isa TKM?	¿Sé pronunciar los fonemas /k/, /θ/ y /s/?
Habla	¿Sé contestar y mantener una conversación por teléfono?	¿Sé colgar y descolgar una llamada con educación?	¿Sé hacer una llamada para sacar dudas sobre eventos?
Gramática	¿Logro hablar de hechos futuros inmediatos usando la perífrasis **ir**+**a**+**infinitivo**?	¿Sé localizar lugares usando las preposiciones?	¿Sé decir las horas usando las preposiciones?
Vocabulario	¿Conozco nombres de los lugares que componen los espacios públicos?	¿Uso bien las expresiones para charlar al teléfono?	¿Sé los nombres de los establecimientos comerciales en español?
Cultura	¿Cómo es el carnaval en Guaranda?	¿Cómo es el carnaval en mi ciudad?	¿Conozco qué fiestas del mundo hispánico?
Reflexión	¿Sólo hay Carnaval en Brasil?	¿Cómo son las fiestas hispánicas?	¿Me gustaría ir a una fiesta latina?

GLOSARIO VISUAL

Palabras en contexto

¿Te gustan las fiestas y los bailes? A leer lo que dicen esos jóvenes...

- Hola, ¿Está Carlos, por favor?
- Soy yo, Marina. ¿Qué me dices?
- Oye Carlos, ¿no vas a venir a la fiesta?
- Mira, es que estoy desanimado...
- Es que ya va a empezar el concierto de Isa TKM. Ándate, ven, por favor. ¡Ven a bailar!
- Está bien. Voy a la fiesta. Creo que lo pasaremos bien.
- Entonces, hasta luego amigo.
- Hasta la fiesta.

Palabras en imágenes

- disfrace
- cabalgata
- acera

4 Entrevista en foco: ¿cómo cuidar la salud?

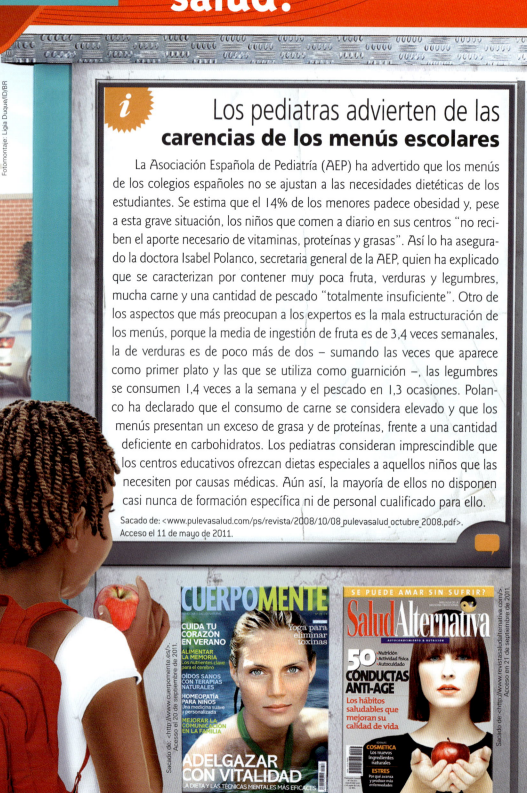

Los pediatras advierten de las carencias de los menús escolares

La Asociación Española de Pediatría (AEP) ha advertido que los menús de los colegios españoles no se ajustan a las necesidades dietéticas de los estudiantes. Se estima que el 14% de los menores padece obesidad y, pese a esta grave situación, los niños que comen a diario en sus centros "no reciben el aporte necesario de vitaminas, proteínas y grasas". Así lo ha asegurado la doctora Isabel Polanco, secretaria general de la AEP, quien ha explicado que se caracterizan por contener muy poca fruta, verduras y legumbres, mucha carne y una cantidad de pescado "totalmente insuficiente". Otro de los aspectos que más preocupan a los expertos es la mala estructuración de los menús, porque la media de ingestión de fruta es de 3,4 veces semanales, la de verduras es de poco más de dos – sumando las veces que aparece como primer plato y las que se utiliza como guarnición –, las legumbres se consumen 1,4 veces a la semana y el pescado en 1,3 ocasiones. Polanco ha declarado que el consumo de carne se considera elevado y que los menús presentan un exceso de grasa y de proteínas, frente a una cantidad deficiente en carbohidratos. Los pediatras consideran imprescindible que los centros educativos ofrezcan dietas especiales a aquellos niños que las necesiten por causas médicas. Aún así, la mayoría de ellos no disponen casi nunca de formación específica ni de personal cualificado para ello.

Sacado de: <www.pulevasalud.com/ps/revista/2008/10/08_pulevasalud_octubre_2008.pdf>. Acceso el 11 de mayo de 2011.

En esta unidad...

... reflexionaremos sobre nuestra salud y cuerpo, "entrevistaremos" a un famoso deportista español, aprenderemos a usar algunas estructuras del tiempo pasado. Al final podremos contestar a las preguntas: ¿Llevo una vida sana? ¿Me alimento bien?

¡Para empezar!

1. Observa las portadas de revistas. Todas están relacionadas con un tema muy discutido hoy día en los medios de comunicación. ¿Qué gran tema imaginas que está en discusión en los textos de esas revistas?

2. Lee, en la página de al lado, una noticia que está dentro de una de esas revistas.
   a) Según los pediatras, ¿cuál es el problema de los menús escolares?
   b) ¿Cómo es la merienda de tu escuela? ¿Qué comes? ¿Hay exceso de grasa y golosinas?

3. En tu día a día, ¿llevas una vida sana? ¿practicas actividad física? ¿comes de forma equilibrada?

Transversalidad
Aquí el tema transversal es la cuestión de la salud y de la alimentación sana.

Género textual
- Entrevista

Objetivo de lectura
- Ordenar preguntas y respuestas de la entrevista.

Tema
- Deporte y salud física

Lectura

Almacén de ideas

1. Vas a leer una entrevista a un gran deportista español: Rafael Nadal. ¿Lo conoces? ¿Sabes qué deporte practica?
   _____
   _____

2. Rafael Nadal concedió esa entrevista a la división Nutrición Deportiva de Bioibérica, una empresa que investiga y desarrolla una gama de productos que han sido desarrollados pensando en las necesidades de los deportistas. Lee la frase que dijo Rafael Nadal en su entrevista a Bioibérica:

   > El tenis ha cambiado y se juega muy deprisa, y eso hace que sufran las articulaciones como rodilla, cadera e incluso espalda.

   a) A fin de cuentas, ¿a qué deporte se dedica Rafa?
   _____

   b) ¿Crees que en esa entrevista se hacen más preguntas a nivel personal o a nivel profesional? ¿Por qué lo crees así?
   _____
   _____
   _____

3. ¿Has jugado alguna vez al tenis? ¿Cuáles son los aparatos que se necesitan para jugarlo?
   _____

4. ¿Conoces a algún(a) tenista famoso(a) de Brasil? ¿Quién(es)?
   _____
   _____

Red (con)textual

A continuación está la entrevista. Pero las respuestas están mezcladas. Tu objetivo de lectura es ordenar preguntas y respuestas.

72 setenta y dos

« **El tenis ha cambiado y se juega muy deprisa y eso hace que sufran las articulaciones como rodilla, cadera e incluso espalda.** »

Rafa Nadal, el gran conquistador de records

Nacido el 3 de junio de 1986 en Manacor (Mallorca) y con un **palmarés** repleto de triunfos, basa su tenis en la constancia, en no dar ningún punto por perdido y en no temer a ningún rival. En esta entrevista exclusiva a Bioibérica nos cuenta sus experiencias relacionadas con su salud deportiva.

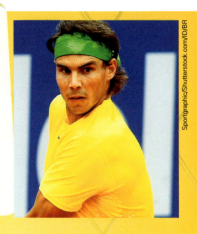

a) Tu nivel tenístico estos últimos cuatro años te ha llevado a estar en el *top* del tenis. ¿Cuál ha sido tu experiencia más gratificante durante todo este tiempo?

b) ¿Y cuál sería el momento más difícil que has vivido durante estos últimos años de carrera profesional?

c) En tu caso concreto, sufres desde hace algún tiempo de una lesión de tendón rotuliano. ¿Qué te la causó?

d) A nivel de entrenamiento deportivo, ¿qué tipo de preparación física realizas para reforzar estas zonas articulares?

e) Alrededor de un tenista de élite, existe un equipo humano multidisciplinar que da soporte al deportista. En cuanto al cuidado de la salud, ¿con qué especialistas cuentas a tu lado? Explícanos un poco en qué consiste cada una de sus funciones y cómo influyen en tu preparación física.

(   ) Esto está dentro de la prevención. Con estos cambios en los viajes y de clima, tomo medicación para aumentar las defensas.

(   ) Sobre todo, un trabajo diario de potenciación muscular y elasticidad.

(   ) Mi madre se encarga de mi fundación y tenemos la ayuda de varias personas. Ya han estado haciendo viajes para ver donde vamos a ayudar a gente que realmente lo necesita. Mi involucración por el momento es menor debido a mi calendario de torneos.

(   ) Creo que he tenido la fortuna de tener muchas experiencias increíbles. Ganar la copa Davis para España fue la primera gran experiencia a las que después se han ido sumando otras que nunca olvidaré como la victoria en Wimbledon el año pasado, la medalla de oro en las olimpiadas, llegar al número 1, el quinto Monte Carlo, el quinto Barcelona, el máster de Madrid, 4 Roland Garros, cada uno distinto y cada uno especial y otras tantas.

(   ) En nuestro deporte las lesiones se producen generalmente por factores repetitivos. Estamos sometidos a un calendario muy exigente y las pistas duras y la hierba son las que producen más desgaste a nivel de articulaciones y más sufrimientos en músculos y tendones. Claro que igualmente se puede sufrir una lesión por una torcedura o de este tipo que son distintas. El tenis ha cambiado y se juega muy deprisa, lo que hace que cuando golpeamos la pelota no lo hagamos con buenos apoyos y eso hace que sufran las articulaciones como rodilla, cadera e incluso espalda.

Vocabulario de apoyo

Palmarés: es una palabra de origen francés. Tiene dos significados principales: 1. Lista de vencedores de una competición; 2. Relación de méritos, especialmente de deportistas. En la entrevista anterior se aplica el significado 2.
Involucración: esta palabra, que no viene en los diccionarios, es un sustantivo relacionado con el verbo **involucrar(se)**, que significa "comprometer a alguien o comprometerse a sí mismo en un asunto".
Pista: es el espacio dedicado a ciertos juegos y competiciones deportivas. También se llama, sobre todo en América, **cancha**, palabra de origen quechua. Hay pistas o canchas de tenis que son de tierra batida o apisonada, llamadas también de **arcilla** y de **hierba** o **pasto**.

setenta y tres 73

f) Se sabe que después de realizar un ejercicio intenso o en un periodo de *stress* (que puede ser causado por viajes, cambios horarios, alimentación…) las defensas se ven disminuidas y en ese momento el organismo es más vulnerable a las infecciones bacterianas o víricas. En vuestro caso, que realizáis unos grandes sobreesfuerzos durante los partidos y estáis viajando continuamente ¿cuidáis de alguna forma especial vuestro sistema inmunológico?

g) El año pasado inauguraste la fundación benéfica de asistencia social a colectivos desfavorecidos y cooperación al desarrollo, que lleva tu nombre. Cuéntanos un poco qué proyectos humanitarios se están llevando a cabo y cuáles son los principales objetivos de dicha fundación.

h) ¿A qué factores de desgaste articular os encontráis sometidos?

( ) Yo tengo un equipo con médico (Ángel Ruíz-Cotorro), fisioterapeuta (Rafael Maymo), preparador físico (Joan Forcades) y un grupo de consultores externos dentro del paraguas del centro Mapfre de medicina del tenis que está en Barcelona. La función de mi médico es cuidar de mi salud y establecer los programas de prevención y seguimiento durante toda la temporada. Con esto hacemos pruebas de esfuerzo, analítica, dieta, ayudas en las vitaminas y tratamiento de las lesiones cuando se producen. El preparador físico es una pieza fundamental no sólo en lo que supone mejorar mi condición física sino también para prevenir lesiones. Maymo, mi fisioterapeuta, viaja todo el año conmigo y se preocupa del tema preventivo y de mi recuperación durante mis torneos.

( ) He tenido momentos difíciles, duros. El último es el que está más fresco en la memoria de todos ya que no haber podido jugar en Wimbledon este año no ha sido fácil. Pero también tuve momentos difíciles cuando tuve una lesión en el pie que me impidió jugar un Masters, el *Open* de Australia y otros torneos. Estaba en casa y no sabía si volvería a jugar por lo que fue doloroso.

( ) Los movimientos repetitivos que comenté antes, cuando golpeas de derecha o revés. Para ello tengo que hacer mucha fisioterapia y mucho trabajo muscular para compensarlo.

Sacado de: <www.siempreenplay.com/Entrevistas_a_deportistas/V15-Rafa_Nadal_el_gran_conquistador_de_records.html>. Acceso el 11 de mayo de 2011.

Vocabulario de apoyo

Open: Es una palabra inglesa que significa "abierto". El **Open de Australia** puede por tanto decirse muy bien **Torneo Abierto de Australia**.

Tejiendo la comprensión

1. En la entrevista, se afirma que Nadal tiene un palmarés de triunfos. ¿Qué triunfos son esos?
_____

2. Nadal dijo que hace mucha fisioterapia y trabajo muscular. ¿Por qué es necesario hacerlo?
_____
_____

3. Relee la siguiente respuesta de Nadal al entrevistador:

"Yo tengo un equipo con médico (Ángel Ruíz-Cotorro), fisioterapeuta (Rafael Maymo), preparador físico (Joan Forcades) y un grupo de consultores externos dentro del paraguas del centro Mapfre de medicina del tenis que está en Barcelona."

¿Qué significa la palabra **paraguas**? ¿Por qué se usa en ese contexto?
_____

4. Observa las formas de tratamiento en las preguntas que se le hicieron a Nadal.
   a) En las preguntas *a*, *b*, *c*, *d*, *e* y *g*, ¿cuál es el pronombre de tratamiento que se usa al referirse a Nadal?
   _____

   b) En las preguntas *f* y *h*, se cambia la forma de tratamiento. ¿Cuál es la forma usada? ¿Por qué se hace ese cambio?
   _____

5. Explica qué significa ser un tenista de élite. ¿Te gustaría ser uno(a)? Para ti, ¿cuáles son los puntos positivos y negativos en ser un atleta como Nadal?
   _____
   _____
   _____

Vocabulario en contexto

Los atletas tienen que cuidarse el cuerpo para mantener su salud física. Nadal dijo que sufre de muchas lesiones en su profesión.

1. ¿Sabes cuáles son las articulaciones? ¿Qué funciones ejercen en nuestro cuerpo?
   _____

2. A continuación está la imagen de un esqueleto que indica articulaciones del cuerpo humano. ¿Qué partes del cuerpo son esas? Escríbelas en el espacio adecuado.

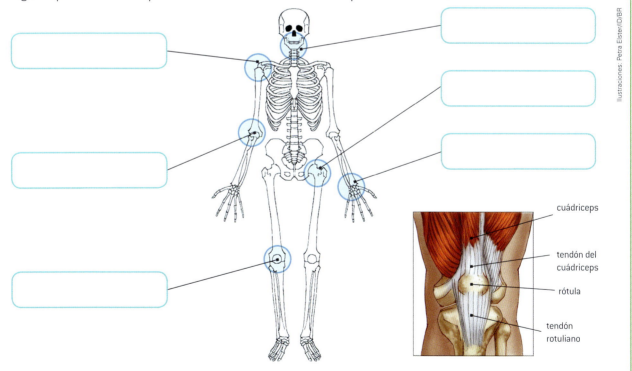

cuádriceps
tendón del cuádriceps
rótula
tendón rotuliano

3. Desde hace algún tiempo, Nadal sufre una lesión de tendón rotuliano. ¿Qué es un tendón? ¿Sabes en qué parte del cuerpo está el tendón rotuliano? Consulta tu profesor de Ciencias. Él podrá ayudarte en esta tarea.
   _____

Gramática en uso

1. En las entrevistas se suele preguntar sobre la vida y la carrera de la persona entrevistada. En muchas de esas preguntas se usan verbos en el tiempo pasado. Observa las siguientes preguntas que se le hicieron a Nadal y los verbos en destaque.

   > I. "Tu nivel tenístico estos últimos cuatro años te **ha llevado** a estar en el *top* del tenis. ¿Cuál **ha sido** tu experiencia más gratificante durante todo este tiempo?"
   > II. "¿Y cuál sería el momento más difícil que **has vivido** durante estos últimos años de carrera profesional?"
   > III. "En tu caso concreto, sufres desde hace algún tiempo de una lesión de tendón rotuliano. ¿Qué te la **causó**?"
   > IV. "El año pasado **inauguraste** la fundación benéfica de asistencia social a colectivos desfavorecidos y cooperación al desarrollo, que lleva tu nombre. Cuéntanos un poco que proyectos humanitarios se están llevando a cabo y cuáles son los principales objetivos de dicha fundación."

   a) En las cuatro preguntas, se hacen referencias a determinados momentos temporales en que ocurrió la acción. ¡A reflexionar sobre eso! Relaciona las dos columnas a continuación:

   (1) ha llevado   (   ) durante estos últimos años de carrera profesional
   (2) ha sido   (   ) durante todo este tiempo
   (3) has vivido   (   ) el año pasado
   (4) causó   (   ) estos últimos cuatro años
   (5) inauguraste   (   ) momento en que hubo la lesión del tendón rotuliano

   b) ¿En qué preguntas se puede afirmar que se expresan acciones realizadas en el pasado y que perduran en el presente? _____

   c) ¿En qué preguntas se expresan acciones realizadas y acabadas en el pasado sin tener relación con el presente? _____

Pretérito perfecto compuesto

El pretérito perfecto se usa para expresar acciones pasadas que ocurren dentro de un marco temporal en el que el hablante se encuentra todavía. Se forma con la junción de dos verbos:

> verbo auxiliar **haber** conjugado en las personas + **participio pasado**

Haber	Participio
Yo **he**	
Tú/Vos **has**	
Él/Ella/Usted **ha**	+
Nosotros(as) **hemos**	verbos que terminan en **-ado** o **-ido**
Vosotros(as) **habéis**	
Ellos/Ellas/Ustedes **han**	

¡Ojo!
- Para los verbos que terminan en **-ar** el participio pasado termina en **-ado**. Ejemplo: jugar – jugado.
- Para los verbos terminados en **-er**/**-ir** el participio pasado termina en **-ido**. Ejemplos: comer – comido; vivir – vivido.

Gran parte de los verbos es regular en el participio, sin embargo, hay algunos irregulares:

escribir/escrito	ver/visto	hacer/hecho	poner/puesto	cubrir/cubierto
morir/muerto	decir/dicho	volver/vuelto	abrir/abierto	satisfacer/satisfecho

2. En la entrevista, Nadal habló de cosas pasadas usando verbos conjugados en pretérito perfecto. Observa esos momentos:

> **I.** "Creo que he tenido la fortuna de tener muchas experiencias increíbles."
>
> **II.** "He tenido momentos difíciles, duros. El último es el que está más fresco en la memoria de todos ya que no haber podido jugar en Wimbledon este año no ha sido fácil."
>
> **III.** "Mi madre se encarga de mi fundación y tenemos la ayuda de varias personas. Ya han estado haciendo viajes para ver donde vamos a ayudar a gente que realmente lo necesita. Mi involucración por el momento es menor debido a mi calendario de torneos."
>
> **IV.** "El tenis ha cambiado y se juega muy deprisa, lo que hace que cuando golpeamos la pelota no lo hagamos con buenos apoyos y eso hace que sufran las articulaciones como rodilla, cadera e incluso espalda."

a) En la siguiente tabla, aparecen los verbos en pretérito perfecto que usó Nadal en sus respuestas. Al lado, escribe el pronombre a que se refiere y si es singular o plural. Enseguida, escribe el sujeto de la acción.

Verbos	Pronombre	Sujeto de la acción
He tenido		
He tenido		
Ha sido		
Han estado		
Ha cambiado		

b) Explica por qué, en cada caso, se usó el verbo en pretérito perfecto.

_____
_____
_____
_____
_____

Hay marcadores temporales que expresan acciones pasadas que ocurren dentro de un marco temporal en el que el hablante se encuentra todavía. Algunos son:

hoy	esta mañana	este mes	este año	esta semana
	este fin de semana	este verano	estas vacaciones	

Pretérito indefinido o pretérito perfecto simple

El pretérito indefinido se usa para expresar acciones realizadas y acabadas en el pasado sin tener relación con el presente. Observa su forma regular en la tabla a continuación:

Persona	Amar	Comer	Vivir
Yo	am**é**	com**í**	viv**í**
Tú / Vos	am**aste**	com**iste**	viv**iste**
Él / Ella / Usted	am**ó**	com**ió**	Viv**ió**
Nosotros / Nosotras	am**amos**	com**imos**	viv**imos**
Vosotros / Vosotras	am**asteis**	com**isteis**	viv**isteis**
Ellos / Ellas / Ustedes	am**aron**	com**ieron**	viv**ieron**

Fotografías: infog/Shutterstock/ID/BR

3. En la entrevista, Nadal habló de cosas pasadas usando verbos conjugados en pretérito indefinido. Observa esos momentos:

> I. "Ganar la copa Davis para España **fue** la primera gran experiencia…"
> II. "Pero también **tuve** momentos difíciles cuando **tuve** una lesión en el pie que me **impidió** jugar un Masters, el *Open* de Australia y otros torneos. Estaba en casa y no sabía si volvería a jugar por lo que **fue** doloroso."

a) En la siguiente tabla, aparecen los verbos en pretérito indefinido que usó Nadal en sus respuestas. Al lado, escribe el pronombre a que se refiere y si es singular o plural. Enseguida, escribe el sujeto de la acción.

⏻ Véase también el **objeto educacional digital** "Abuelos especiales".

Verbos	Pronombre	Sujeto de la acción
Fue		
Tuve		
Tuve		
Impidió		
Fue		

b) Explica por qué, en cada caso, se usó el verbo en pretérito indefinido.

_____
_____
_____

⚙ El español alrededor del mundo

En el español de España se emplea el perfecto compuesto (**he cantado**) para referirse a acciones pasadas que el hablante considera pertenecientes a un "ahora". Cuando la acción pasada queda fuera de ese "ahora", en España se emplea el perfecto simple (**canté**).

En el español de América si la acción es pasada, concluida, se emplea el perfecto simple (**canté**), ya sea que esa acción esté dentro o fuera del "ahora". El pretérito perfecto compuesto (**he cantado**) es menos frecuente en América que en España.

78 setenta y ocho

■ Escritura

Conociendo el género

Género textual
- Entrevista

Objetivo de escritura
- Saber cómo se sintió Rafael Nadal en un campeonato de tenis.

Tema
- Deporte

Tipo de producción
- Individual

Lectores
- Espectadores y lectores que quieran saber más sobre Nadal.

1. Vuelve a la entrevista que le hicieron a Nadal en Bioibérica. Reléela poniendo atención en su estructura. ¿Cómo se organiza? Es por:
   ( ) una narración.   ( ) un diálogo.
   ( ) una descripción.   ( ) un mandato.

2. Una entrevista se compone por el entrevistador y el entrevistado. El entrevistador es el que dirige la entrevista, presenta al entrevistado y el tema principal, hace preguntas adecuadas y cierra la entrevista.
   a) ¿Quién es el entrevistador? ¿Se identifica su nombre?
   _____

   b) ¿Hay una presentación del entrevistado?
   _____
   _____
   _____

   c) ¿Hay un cierre en la entrevista?
   _____

3. El entrevistado deberá ser siempre una persona que le interesa a la comunidad y que tiene algo que transmitir. ¿Crees que Nadal cumple esos roles?
   _____

Planeando las ideas

¿Sabías que desde niño Nadal juega al tenis? Quizá sea por eso por lo que se le considera un tenista de elite actualmente.

🎧 9 Vas a escuchar una entrevista que Nadal le concedió a la TV. Escúchala por lo menos tres veces y después contesta.

1. En el audio, Nadal está jugando tenis en el campeonato de España Infantil. ¿Ganó Nadal el partido? ¿Cuál fue su posición en el campeonato? ¿Cuántos años tenía Nadal en aquella época?
   _____

2. Nadal dijo que practica otro deporte, pero para divertirse. ¿Cuál?
   ( ) fútbol   ( ) balonmano
   ( ) ajedrez   ( ) natación

3. En ese audio, se hace una entrevista a Nadal tras la final del campeonato, pero parece que se hicieron cortes, o sea, hay algo que falta. ¿Qué está faltando?
   _____

setenta y nueve 79

Taller de escritura

Vas a leer la entrevista que has escuchado, pero hay algunos huecos. En esos espacios, escribe las preguntas a las respuestas de Rafael Nadal. Pon atención a los verbos usados en las respuestas. Además, no te olvides de que hay que volver en el tiempo e imaginar que estabas en aquel momento, al final del partido, haciendo tus preguntas.

¡Ojo!

Piensa en el contexto de producción de la entrevista y en el oyente de las preguntas. Rafael Nadal tiene 12 años. Es todavía un niño. ¿Le trataría de qué manera? ¿Formal o informalmente? Si el tratamiento es informal, ¿usarías **tú** o **vos**?

Presentación

¿Le suena su cara? Pues sí, ha acertado, es Rafa Nadal con 12 años y se está jugando el campeonato de España Infantil. Su rival, José Antonio Sánchez. El mallorquín fue la gran sorpresa y se plantó en la final. Esta vez aunque cueste creerlo se tuvo que conformar con ser el segundón. Nadal ya apuntaba maneras y nadie se lo discute a la hora número 2 del mundo pero tampoco puede negar que siempre le ha gustado más darle a la raqueta que hacer entrevistas.

Entrevistador(a)

Nadal Yo creo que él ha jugado bastante mejor que yo. No he podido hacer nada.

Entrevistador(a)

Nadal No he jugado también como los otros días, como yo quería jugar, pero da igual.

Entrevistador(a)

Nadal Los lunes y martes hago… de 9 a 12 es… de cole, después de las cuatro a las ocho juego al tenis.

Entrevistador(a)

Nadal No. Yo juego al fútbol, pero al fútbol es más para divertirme y eso.

Cierre A pesar de su edad y superando su timidez esta fue la primera entrevista que concedió a televisión española.

Sacado de: <www.minuto30.com/?p=39980>. Acceso el 13 de mayo de 2011.

(Re)escritura

- Para hacer preguntas, se usan los signos de interrogación (¿?). Vuelve a tus preguntas y observa si los usaste al inicio y al final.
- En parejas, cambia tus preguntas con las de tu compañero. ¿Hay mucha diferencia?

Habla

Lluvia de ideas

Género textual
- Consulta médica

Objetivo de habla
- Hacer una evaluación física.

Tema
- Salud, deporte y alimentación

Tipo de producción
- En parejas

Oyentes
- Paciente y evaluador físico

1. En la escuela, hay una asignatura que trabaja con el cuerpo — la Educación Física.

    a) ¿Cuáles de los deportes a continuación practicas en tu escuela?

    b) ¿Qué otros deportes practicas?

2. Lee la tira cómica de Gaturro: ¿por qué su nota fue cero? ¿Cuál es el humor?

Sacado de: <http://tenerunplan.blogspot.com/>. Acceso el 5 de marzo de 2012.

3. Lee el afiche.

a) ¿Qué elemento propuesto por el afiche promociona el gusto por los ejercicios físicos y por las actividades culturales?
_____
_____

b) ¿Crees que necesitas mejorar tu condicionamiento físico?
_____
_____

Rueda viva: comunicándose

Siempre cuando alguien ingresa en un gimnasio para practicar algún deporte se le recomienda una consulta médica. ¿Sabes por qué? Es imprescindible hacer una evaluación física para saber si el paciente está o no apto a la práctica de ejercicios físicos; además, se verifica la frecuencia recomendable de la práctica de la actividad y, también, como debe ser el acompañamiento del instructor a la persona.

¿Vamos a movernos? Imagínate que eres un futuro deportista, ingresaste en un gimnasio y quieres salir de la vida sedentaria. Tu compañero será el evaluador físico. En parejas, vas a entablar un diálogo cuyo objetivo es verificar la aptitud física del paciente. El compañero debe elaborar preguntas oralmente y tú debes contestárselas.

Luego, cambia de rol con el compañero: a él le tocará ser el evaluado y a ti te tocará el papel de médico.

Para ayudarles, a continuación tienen informaciones sobre aptitud, evaluación y condicionamiento físico. Les recordamos que para más informaciones se debe consultar un profesional especializado del área, como, por ejemplo, tu profesor de Educación Física.

FICHA DEL ALUMNO

El gimnasio debe disponer de un fichero con información sobre cada alumno, que tenga algo más que su nombre, fecha de nacimiento, domicilio y si está o no al corriente en el pago de las cuotas. Como orientación, aquí van algunos datos que conviene tener. Algunos pueden ser considerados una intromisión en la intimidad, pero se le debe explicar al alumno el motivo por el que se le piden que comprometa a la responsabilidad del gimnasio.

DATOS PERSONALES GENERALES

Nombre. Domicilio. Teléfono. Fecha de nacimiento/Edad. Sexo. A quién avisar en caso de accidente (nombre y teléfono). Profesión o Estudios.

ANTECEDENTES Y DATOS SANITARIOS GENERALES

Lesiones previas (antigüedad y grado de curación). Enfermedades previas o actuales. Problemas sensoriales (deficiencias de visión o audición). Alergia o prohibición de tomar algún medicamento (en especial en lo relativo a analgésicos). Si existe algún tipo de defecto motriz ya se hará evidente en el entrenamiento, pero también conviene saberlo con antelación.

HÁBITOS Y ACTIVIDAD DEPORTIVA

¿Fuma? (¿cuánto y desde cuándo?). ¿Bebe? (¿cuánto, desde cuándo y tipo de bebidas?). ¿Horas de sueño? ¿Hay otro tipo de hábitos que puedan influir en el rendimiento?. Horario laboral o de estudios. ¿Practica otros deportes? (¿A qué nivel? ¿Con qué frecuencia?).

DESCRIPCIÓN DE ESTADO FÍSICO

Datos objetivos: Peso. Talla. Pulso en reposo. Perímetro torácico (en inspiración y en espiración). Perímetro abdominal. Datos subjetivos: ¿En qué forma se considera el alumno? ¿Cómo se siente físicamente en general?.

RECOMENDACIONES PARA EL ESTADO NUTRICIONAL

50% de carbohidratos, 30% de proteínas y 20% de grasas diarias. Usar la calculadora de nutrición para su estado.

Sacado de: <www.muscularmente.com/cuerpo/evaluacion.html>. Acceso el 18 de julio de 2011.

¡A concluir!

Tu compañero y tú entablaron una consulta médica entre el evaluador físico y el futuro deportista. Reflexiona sobre el contexto: ¿usaste el tratamiento formal o informal?, ¿cómo se trataron? ¿usted? o ¿tú/vos?

Género textual
- Entrevista y texto informativo

Objetivo de escucha
- Poner atención a la opinión ajena.

Tema
- Alimentación, nutrición y dietética

■ Escucha

¿Qué voy a escuchar?

1. Para ti, ¿cómo es una alimentación sana?
   _____
   _____

2. Mira la pirámide alimentaria a continuación, observa los alimentos y la cantidad que se suele consumir. Luego, contesta:
   a) ¿Qué alimentos se usan lo mínimo indispensable?
   _____

   b) De los alimentos que hay en la pirámide, ¿cuál(es) consumes más?
   _____

3. Antes de escuchar el audio sobre nutrición, formula hipótesis: ¿qué crees que hace un(a) dietista-nutricionista?
   _____
   _____

Escuchando la diversidad de voces

🎧 **10** Vas a escuchar un audio en dos partes:

1. En la primera parte, hay cinco personas en la calle que contestan a la siguiente pregunta de una entrevista: ¿Qué consejos nos darías para una buena alimentación? Escucha esos consejos y escríbelos a continuación:

Consejo 1	
Consejo 2	
Consejo 3	
Consejo 4	
Consejo 5	

2. 🎧 **11** En la segunda parte, escucharás a una dietista-nutricionista hablando sobre el papel de la alimentación y sobre su profesión. Escúchala y completa los espacios en blanco con las informaciones que faltan:

Actualmente, la alimentación juega un papel muy importante en el estado de salud de las personas. Según la Organización Mundial de la Salud, de las diez causas que producen más mortalidad en el mundo, cinco están directamente relacionadas con la alimentación de las personas:

1 _____ ;

2 _____ ;

3 _____ ;

4 _____ ;

5 _____ .

La Asociación Española de Dietistas-Nutricionistas apuesta por profesionales de la nutrición y dietética como verdaderos asesores de las dietas de las personas.

Un dietista-nutricionista es un profesional sanitario con titulación universitaria reconocido como un experto en la _____, _____ y _____ con capacidad para intervenir en la alimentación de las personas _____ y _____. En todos los lugares donde una adecuada alimentación puede ayudar a mejorar la calidad de vida, los dietistas-nutricionistas _____, _____, _____ y _____.

Sacado de: <www.youtube.com/watch?v=MbppC3jIUi4>. Acceso el 6 de abril de 2012.

Comprendiendo la voz del otro

1. Al fin y al cabo, ¿cuál es el papel del dietista?
   _____
   _____
   _____
   _____

2. ¿Por qué la alimentación es tan importante en la vida de las personas?
   _____
   _____
   _____
   _____
   _____
   _____

3. ¿Te gustaría ser un dietista-nutricionista? ¿Por qué?
   _____
   _____
   _____
   _____

Oído perspicaz: el español suena de maneras diferentes

Pronunciación de la letra x (equis)

Escuchaste en el audio que un dietista-nutricionista es experto en alimentación, nutrición y dietética. Observa la pronunciación de la letra **x** en la palabra **experto**.

La letra **x** existe en español y en portugués; en español se llama **equis**; en portugués, *xis*.

En español la letra **x** representa un sonido **doble**, es decir, se pronuncian dos consonantes, una tras otra: una **k** más una **s** (**x = ks**). Si transcribimos este sonido doble mediante el signo **ks**, las palabras españolas **taxi**, **examen**, **elíxir**, **exacto** podrían fonéticamente escribirse de la siguiente manera: [tá**ks**i, e**ks**ámen, elí**ks**ir, e**ks**ácto].

En algunas zonas del mundo hispánico, la **k** del sonido **ks** se debilita y se pronuncia como una **g** o incluso puede llegar a perderse: taxi > [tá**ks**i > tá**gs**i > tá**si**].

🎧 12 Escucha las siguientes palabras y repite su sonido. Pon atención en el sonido de la letra **x**:

éxito	exótico	anexo	sexto

CULTURAS EN DIÁLOGO

nuestra cercanía

Una buena alimentación está basada en frutas y verduras, ¿verdad? Los profesionales de la salud siempre nos aconsejan a comer esos alimentos, ricos en hierro, fibra, calcio, potasio y proteínas…

Pero las frutas y verduras no son ricas solamente para la alimentación. Con sus nombres se forman algunos refranes típicos en la lengua española.

Un refrán es una frase de origen popular que pasó de generación en generación mayormente por la vía oral y que expresa un pensamiento moral, un consejo o una enseñanza.

¡A conocer algunos refranes con frutas!

1. En el lugar de las imágenes, escribe el nombre del alimento:

    a) Pedir _____ al olmo.

    b) Encontrar a la media _____

    c) Darle a alguien las _____

    d) Ser la _____ de la discordia.

    e) Ponerse como un _____

    f) Importarse un _____ con algo o alguien.

2. Relaciona los refranes anteriores a su explicación:

    (   ) Quedarse con la cara roja de vergüenza o indignación.

    (   ) Pretender algo que es imposible.

    (   ) Tardar mucho en cumplir o en recibir algo.

    (   ) Ser el motivo de una disputa.

    (   ) Encontrar el gran amor.

    (   ) No importarse nada con algo.

CULTURAS EN DIÁLOGO

3. Hay un refrán español que dice:

> Vida con fruta y verdura perdura.
> Con huerta y verdura alejas la sepultura.
> Comer verdura es cordura.
> Legumbre, hortaliza y verdura frenan las apreturas.

a) ¿Qué significa?
_____
_____

b) ¿Conoces algún refrán de la lengua portuguesa que se hizo con nombres de frutas y verduras? Investiga en casa con tus parientes y en enciclopedias.
_____
_____

4. Las frutas y las verduras también inspiraron a una famosa temática en la pintura: el bodegón o la naturaleza muerta, que generalmente retrata flores, frutas, verduras y objetos del cotidiano.

Mira este lienzo del francés Paul Cézanne que la crítica considera bien ambicioso y enigmático puesto que el pintor ha empleado en la obra la técnica de ilusión visual, que se basa en un juego de perspectiva. Luego, contesta:

a) Para ti, ¿la cesta de frutas está en la mesa o en el suelo?
_____

b) ¿Por qué se puede considerar esa obra un bodegón o una naturaleza muerta?
_____

Naturaleza muerta con cesta de frutas, 1888-1890. Óleo sobre lienzo, 65 cm x 80 cm.

A quien no lo sepa

Paul Cézanne (1839-1906), famoso pintor francés, muy admirado por Picasso, fue considerado por la crítica personaje fundamental del arte del siglo XX, siendo impresionista y precursor del cubismo.

¿LO SÉ TODO? (AUTOEVALUACIÓN)

Lectura	¿Cuál es la función de una entrevista?	¿A qué famoso tenista Bioibérica entrevistó?	¿Sé relacionar preguntas y respuestas de entrevistas?
Escritura	¿Sé hacer preguntas en una entrevista?	¿Sé usar los tiempos pretéritos para hacer preguntas a los entrevistados?	Tras escribir, ¿consulto en el diccionario las palabras sobre cuyo significado tengo dudas?
Escucha	¿Sé qué hace un dietista-nutricionista?	¿Sé pronunciar la **x** en español?	¿Qué buenos consejos he escuchado?
Habla	¿Sé hacer preguntas y contestarlas a la hora de entrar en un gimnasio?	¿Practico mi español junto a mi compañero de clase?	¿Me gusta hablar en español?
Gramática	¿Cuál es la estructura del pretérito perfecto?	¿Sé conjugar los verbos en pretérito indefinido?	¿Cuál es la diferencia de uso del pretérito perfecto para el indefinido?
Vocabulario	¿Qué partes del cuerpo ya conozco?	¿Qué alimentos sanos sé nombrar en español?	¿Qué palabras relacionadas al deporte tenis ya sé pronunciar?
Cultura	¿Qué son los refranes?	¿Sé citar algún refrán con fruta en español?	¿Qué es un bodegón?
Reflexión	¿Llevo una vida sana?	¿Practico actividad física?	¿Suelo comer alimentos saludables en mi escuela?

GLOSARIO VISUAL

ochenta y nueve 89

Repaso: ¡juguemos con el vocabulario y la gramática!

Unidades 3 y 4
Individual

1. A continuación, vas a observar un barrio lleno de personas y lugares: parque, restaurante, ayuntamiento, hospital, quiosco, farmacia, bar, iglesia, parada de autobús, biblioteca, supermercado, avenidas, calles, esquinas, manzanas, paseos…

   Tu objetivo es encontrar un perro perdido en el barrio para entregárselo a su dueño. ¿Dónde está? Usa dos de las expresiones del recuadro para indicar su posición:

delante	frente	en	ante	a la izquierda
a la derecha	al final	detrás	al lado	

El perro está _____

El perro está _____

90 noventa

2. Une los puntos y encontrarás algunas partes del cuerpo. Escríbelas bajo cada imagen que aparezca.

En parejas

Y en cuanto a los sonidos de la lengua española, ¿sabes pronunciarlos bien? A ver...

Uno va a pronunciar en voz alta las palabras con la letra **c** a continuación. Pero el otro tendrá que decir cuál es el fonema usado: ¿/k/, /θ/ o /s/?

casa quios**co** **ci**ne

a**ce**ra farma**cia**

En grupos

¡A jugar al bingo! En la tarjeta abajo, escribirás cuatro nombres de frutas, verduras o legumbres en bolígrafo, pues no se puede borrarlos. Así que todos rellenen la ficha, la profesora va a decir algunos refranes en español en que se usan esos alimentos. Si el alimento leído está escrito en la tarjeta, el jugador ganará un punto. El que marque primero los cuatro o el que obtenga más puntos ganará el juego.

BINGO DE LOS REFRANES			

noventa y uno 91

5 La escritura de una vida: ¿quiénes luchan por la paz?

Alfonso García Robles
México, Premio Nobel en 1982
Hizo un magnífico trabajo en las negociaciones de desarme de las Naciones Unidas.

Adolfo Pérez Esquivel
Argentina, Premio Nobel en 1980
Fundó organizaciones de derechos humanos no violentas para luchar contra la junta militar que gobernaba su país

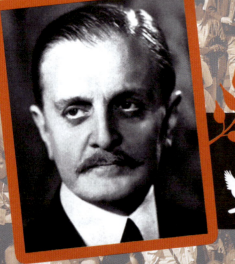

Carlos Saavedra Lamas
Argentina, Premio Nobel en 1936
Fue mediador en el conflicto entre Paraguay y Bolivia.

En esta unidad...

... conoceremos algunos hispánicos ganadores del Premio Nobel. Aprenderemos más estructuras del pasado para poder hablar sobre los hechos vividos de alguien importante. Además, reflexionaremos sobre la importancia de la paz en el mundo. Al final podremos contestar a las preguntas: ¿Qué hago yo para mantener la paz? ¿Quiénes lucharon y continúan luchando por ese ideal?

¡Para empezar!

1. ¿Sabes qué es el Premio Nobel? Es un premio que se da cada año a personas que han sobresalido por su trabajo en determinados campos, como la medicina, la química, la física, la literatura, la paz, entre otros. Mira a algunos premios Nobel hispanoamericanos al lado y, por sus hechos, intenta adivinar qué Premio Nobel ganaron.

2. ¿Conoces nombres de personas que luchan por la paz en tu ciudad? ¿Quiénes son y qué hacen en su día a día?

3. ¿Qué puedes hacer tú en pequeñas acciones para cooperar y fortalecer los ideales de paz?

4. ¿Qué animal es símbolo de la paz? Investiga por qué.

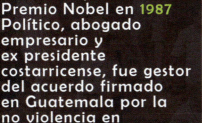

Óscar Arias Sánchez,
Costa Rica,
Premio Nobel en **1987**
Político, abogado empresario y ex presidente costarricense, fue gestor del acuerdo firmado en Guatemala por la no violencia en Centroamérica.

Transversalidad
Aquí el tema transversal es la cuestión de la lucha por la paz y el respeto a las diferencias.

noventa y tres **93**

Género textual
- Biografía

Objetivo de lectura
- Rellenar el texto para darle sentido de continuidad a la acción.

Tema
- La paz

Lectura

Almacén de ideas

1. ¿Crees que toda vida genera una buena historia?
   _____
   _____

2. A continuación, hay tres fotos de personas que ganaron el Premio Nobel de la Paz por su buena historia de vida. ¿Las conoces? Investiga y relaciónalas a sus nombres y hechos históricos en la lucha por los derechos humanos:

   (a) Nelson Mandela.
   (b) Madre Teresa de Calcuta.
   (c) Martin Luther King.

   ( ) En 1964, recibió el Nobel de la Paz. Pastor de la Iglesia Bautista, fue un activista de los derechos civiles que desarrolló una labor crucial en contra de la discriminación racial a través de medios no violentos en Estados Unidos. Luchó en numerosas protestas contra la Guerra de Vietnam y la pobreza.

   ( ) En 1993, recibió el Nobel de la Paz. Abogado y político, conocido en su país por Madiba, fue el primer presidente elegido democráticamente en Sudáfrica. Lideró las negociaciones para conseguir una democracia multirracial en su país.

   ( ) En 1979, recibió el Nobel de la Paz. Monja de la Iglesia Católica, fundó las Misioneras de la Caridad en India con el objetivo de defender a los pobres, huérfanos, enfermos, ancianos y moribundos. Fue beatificada por el papa Juan Pablo II.

3. ¿Qué significa la palabra **biografía**? ¿Dónde podemos encontrar biografías?
   _____
   _____

4. Vas a leer una biografía de la guatemalteca Rigoberta Menchú Tum. Observa su foto. ¿La conoces? ¿Qué crees que hizo para merecer ganar el Nobel de la Paz en 1992?
   _____
   _____
   _____

Red(con)textual

Vas a leer la biografía de Rigoberta Menchú, una guatemalteca que ha ganado el Premio Nobel de la Paz. Las siguientes palabras están en el texto original, pero se la sacaron del texto. Mientras lees, ponlas en el lugar que se produce el sentido de continuidad en el texto.

| permitió | nació | publicó | estuvieron | fue | se exilió | recurrió |
| regresó | consiguió | murió | tuvo | se encerraron | inició |

Rigoberta Menchú

Activista de los derechos humanos de Guatemala (Chimel, Uspatán, 1959), Rigoberta Menchú _____ en una numerosa familia campesina de la etnia indígena maya-quiché. Su infancia y su juventud _____ marcadas por el sufrimiento de la pobreza, la discriminación racial y la violenta represión con la que las clases dominantes guatemaltecas trataban de contener las aspiraciones de justicia social del campesinado.

Varios miembros de su familia, incluida su madre, fueron torturados y asesinados por los militares o por la policía paralela de los "escuadrones de la muerte"; su padre _____ con un grupo de campesinos que _____ en la embajada de España en un acto

Rigoberta Menchú.

de protesta, cuando la policía incendió el local quemando vivos a los que estaban dentro (1980).

Mientras sus hermanos optaban por unirse a la guerrilla, Rigoberta Menchú _____ una campaña pacífica de denuncia del régimen guatemalteco y de la sistemática violación de los derechos humanos de que eran objeto los campesinos indígenas, sin otra ideología que el cristianismo revolucionario de la "teología de la liberación"; ella misma personificaba el sufrimiento de su pueblo con notable dignidad e inteligencia, añadiéndole la dimensión de denunciar la situación de la mujer indígena en Hispanoamérica.

Para escapar a la represión _____ en México, donde _____ su autobiografía en 1983; _____ el mundo con su mensaje y _____ ser escuchada en las Naciones Unidas. En 1988 _____ a Guatemala, protegida por su prestigio internacional, para continuar denunciando las injusticias.

En 1992 la labor de Rigoberta Menchú _____ reconocida con el Premio Nobel de la Paz, coincidiendo con la celebración oficial del quinto centenario del descubrimiento de América, a la que Rigoberta se había opuesto por ignorar las dimensiones trágicas que aquel hecho _____ para los indios americanos. Su posición le _____ actuar como mediadora en el proceso de paz entre el Gobierno y la guerrilla iniciado en los años siguientes.

Sacado de: <www.biografiasyvidas.com/biografia/m/menchu.htm>. Acceso el 20 de julio de 2011.

Tejiendo la comprensión

1. Según su biografía, Rigoberta tuvo una infancia sufrida. ¿Por qué?
   _____
   _____

2. Los hermanos de Rigoberta empezaron a luchar en la guerrilla. ¿Rigoberta hizo lo mismo?
   _____
   _____
   _____

3. ¿Por qué Rigoberta se exilió en México?
   _____
   _____

4. 🎧 13 Escucha un mensaje de Rigoberta Menchú cuando adhiere a la Marcha por la Paz y la No Violencia, cuyo objetivo es pedir el fin de las guerras, el desmantelamiento de las armas nucleares y el cese de todo tipo de violencia, ya sea física, racial, religiosa, cultural, psicológica, sexual o económica.

   a) Para Rigoberta Menchú, ¿qué es la paz?
      _____
      _____
      _____

   b) ¿A quiénes se dirige Menchú en su habla y los encoraja a que participen de la Marcha? ¿Por qué crees que ella elige a esas personas? ¿Por qué son importantes?
      _____
      _____
      _____

   c) ¿Qué puedes hacer en tu escuela para que todos los estudiantes convivan en paz, sin violencia?
      _____
      _____
      _____
      _____
      _____
      _____
      _____
      _____

Vocabulario en contexto

Vimos que Rigoberta Menchú es una indígena latinoamericana que habla el idioma quiché. Hay muchas palabras de la lengua española que provienen de lenguas indígenas. ¿Conoces alguna? ¡A ampliar! Lee estas palabras y selecciona aquellas cuyo significado no sepas. Para saberlo, puedes buscarlas en un diccionario o en las páginas web indicadas.

- Originarias del náhuatl (significa "lengua dulce")
  chocolate – aguacate – papalote – chile – jícara – tomate
  Sacado de: <http://etimologias.dechile.net/?nahuatl>. Acceso el 2 de febrero de 2012.

- Originarias del guaraní (significa "guerrero")
  capibara – tapioca – tucán – tanga – paraguay – uruguay
  Sacado de: <http://etimologias.dechile.net/?guarani.->. Acceso el 2 de febrero de 2012.

- Originarias del mapuche (significa "gran familia")
  che – choclo – poncho – gaucho – pololo – guata
  Sacado de: <http://etimologias.dechile.net/?mapuche>. Acceso el 2 de febrero de 2012.

- Originarias del quechua (significa "el hablar del valle")
  papa – mate – cancha – guagua – guaso – charque
  Sacado de: <http://etimologias.dechile.net/?quechua>. Acceso el 2 de febrero de 2012.

- Originarias del taíno (significa "gente buena")
  cuba – habana – maíz – iguana – ají – huracán
  Sacado de: <http://etimologias.dechile.net/?tai.no>. Acceso el 2 de febrero de 2012.

A quien no lo sepa

¿Sabías que en varias regiones de América se hablan o se hablaban esas lenguas indígenas? El náhuatl en México; el guaraní en Paraguay; el mapuche en Chile; el quechua en Perú, Ecuador, Bolivia…; el taíno en las Antillas. El náhuatl, el guaraní y el quechua tienen hoy plena vigencia; menos hablantes tiene el mapuche; y el taíno ha desaparecido.

Gramática en uso

1. Vuelve a la biografía de Rigoberta Menchú y observa los verbos que tuviste que rellenar. ¿Qué tiempo verbal es ese? ¿Por qué se usan generalmente en las biografías?

2. En la unidad 4, has estudiado las formas regulares de ese tiempo verbal. Pero en esta biografía no aparecen solo verbos regulares. Hay algunos verbos que son irregulares. Observa la siguiente tabla de conjugación:

Infinitivo / Pronombres	Conseguir	Morir
Yo	conseguí	morí
Tú / Vos	conseguiste	moriste
Él / Ella / Usted	consiguió	murió
Nosotros (as)	conseguimos	morimos
Vosotros (as)	conseguisteis	moristeis
Ellos / Ellas / Ustedes	consiguieron	murieron

Véase también el **objeto educacional digital** "Premio Juvenil de la Paz".

a) ¿Cuál es la irregularidad del verbo **conseguir**?
_____
_____

b) ¿Cuál es la irregularidad del verbo **morir**?
_____
_____

3. Ahora, ¡a conocer la irregularidad de los verbos **ser**, **ir**, **estar** y **tener**!

Ser/Ir	Estar	Tener
fui	estuve	tuve
fuiste	estuviste	tuviste
fue	estuvo	tuvo
fuimos	estuvimos	tuvimos
fuisteis	estuvisteis	tuvisteis
fueron	estuvieron	tuvieron

Como pudiste notar, esos verbos son totalmente irregulares en pretérito indefinido.

A continuación, hay otros verbos que, como esos, también sufren cambios a la hora de conjugarlos. Intenta rellenar las conjugaciones que faltan:

Dar	Hacer	Decir	Poder	Venir	Poner
di	hice			vine	puse
diste		dijiste		viniste	
dio	hizo	dijo	pudo		
	hicimos		pudimos	vinimos	pusimos
		dijisteis	pudisteis	vinisteis	pusisteis
	hicieron	dijeron	pudieron		

98 noventa y ocho

Escritura

Conociendo el género

¿Qué elementos son imprescindibles en una biografía? Lee nuevamente la biografía de Rigoberta Menchú en la página 95 y marca de AZUL, las fechas; AMARILLO, los hechos importantes sobre paz y ayuda (los premios); VERDE, los acontecimientos de la niñez y adolescencia; VIOLETA, las referencias a lugares; ROSA, los nombres o referencias a los parientes; NARANJA, los verbos en pasado indefinido.

Planeando las ideas

1. Con tu pareja, infórmate con tu familia y las personas de tu barrio sobre quiénes ayudan a los necesitados, a los pobres o sobre quiénes son actuantes a favor de la paz en tu ciudad.

2. Tras esas informaciones, elige sobre quién vas a escribir la biografía. Prepara algunas preguntas para entrevistar a esa persona o a su pariente en el caso en que ya se haya muerto. Si tienes filmadora o un grabador, es bueno que los lleves. Pero antes, pregúntale al entrevistado si él acepta que hagas eso.

3. Lee algunas pistas que te auxiliarán a escribir la biografía:
   - ten en manos: fecha de nacimiento y de muerte, nombres de parientes, hechos más sobresalientes, textos en que se encuentren informaciones sobre el biografiado;
   - contesta: ¿por qué esta persona es especial? ¿qué adjetivos la describen? ¿qué acontecimientos marcaron su vida?

Taller de escritura

En una hoja aparte, escribe la biografía. Al final, entrégasela a tu profesor(a). Tras la reescritura, todas las biografías se colgarán en un mural, para que los que visiten la escuela puedan leerlas.

(Re)escritura

En tu repaso, hay que observar si has puesto las informaciones correctas sobre:
- las fechas de nacimiento y muerte (si la persona esté muerta);
- la niñez y la adolescencia de esa persona;
- los nombres de sus parientes;
- los hechos y lugares más importantes en la vida de la persona.

Género textual
- Biografía

Objetivo de escritura
- Conocer los hechos importantes de personas de la ciudad que buscan la paz.

Tema
- Paz y derechos humanos

Tipo de producción
- En parejas

Lectores
- Ciudadanos que visiten la escuela

¡Ojo!

Hay que usar los verbos en pasado y el orden cronológico de los hechos. Pon atención en la conjugación de los verbos irregulares.

Género textual
- Letra de canción

Objetivo de escucha
- Entender las palabras relacionadas a la causa por la que Chico Mendes luchaba.

Tema
- Chico Mendes

■ Escucha

¿Qué voy a escuchar?

1. Lee una pequeña biografía de Chico Mendes. ¿Has oído alguna vez hablar sobre ese brasileño de Xapuri, en Acre, norte de Brasil?

Chico Mendes nació en Xapuri el 15 de diciembre de 1944. Fue recolector de caucho, sindicalista, activista ambiental y luchó contra la extracción de madera en el Amazonas. En 1987, ganó dos premios: el Premio Global 500, de la Organización de las Naciones Unidas y la medalla por el medio ambiente, de la organización Better World Society. El 22 de diciembre de 1988 fue asesinado frente a su casa.

Sacado de: <www.elmundo.es/elmundo/2008/12/26/verde/1230288477.html>. Acceso el 22 de mayo de 2011.

Chico Mendes, en una imagen de febrero de 1988, 10 meses antes de su asesinato.

Chico Mendes no ganó el Premio Nobel de la Paz. Si fueras de la comisión que elige quién(es) gana(n) ese premio, ¿lo elegirías?
_____
_____
_____

A quien no lo sepa

Otros nombres del **caucho** son **goma** y **hule**. Esta última palabra es de origen náhuatl. Con el caucho, goma o hule se fabrican llantas y otras cosas. Un dato curioso: en español, **borracho(a)** es un adjetivo que significa "ebrio", persona que ha bebido demasiado alcohol.

2. Vas a escuchar una canción del grupo mexicano Maná que se llama "Cuando los ángeles lloran". Esta canción es sobre Chico Mendes. ¿Por qué crees que la canción lleva ese título?
_____
_____
_____
_____
_____
_____

Escuchando la diversidad de voces

🎧 14 En la canción, se hace referencia a algunas cosas por las que luchaba Chico Mendes en su vida. ¿Qué palabras son esas? Vas a escuchar palabras parecidas a las verdaderas. Tu objetivo es circular las que son intrusas, o sea, que no pertenecen a la letra de la canción.

Cuando los ángeles lloran

A Chico Mendes lo mataron
era un defensor y un ángel.
de toda la antología.

Él murió a sangre fría
lo sabía Collor de Melo
y también la policía.

Cuando los ángeles lloran
lluvia cae sobre la acera.
lluvia sobre el campanario.

Alguien murió.
Un ángel cayó.
Un ángel murió.
Un ángel se fue
y no volverá.

Cuando el asesino huía,
Chico Mendes se moría,
la cela se ahogaba en llanto.

Él dejó dos lindos críos,
una esposa valerosa
y una cela en agonía.

Cuando los ángeles lloran,
es por cada amor que muere
cada entrega que se apaga.

Un ángel cayó.
Un ángel murió.
Un ángel se fue
y no volverá.

Un ángel cayó.
Un ángel murió
Un ángel se fue,
se fue volando en madrugada.

Cuando los ángeles lloran.
Cuando los ángeles lloran,
lloverá.
Cuando los ángeles lloran.
Cuando los ángeles lloran,
lloverá.

Maná. Cuando los ángeles lloran. In: MTV *Unplugged* (CD). Warner Music Latina, 1999.

A quien no lo sepa

Fundada en 1978, Maná es una banda mexicana de pop rock. El nombre Maná, en polinesio, significa "energía positiva". Su composición actual es: Fher Olvera (voz, guitarra y armónica), Juan Calleros (bajo), Sergio Vallín (guitarra, coros), Alex González (batería, voz, coros).

La banda mexicana Maná.

Comprendiendo la voz del otro

1. El título de la canción es "Cuando los ángeles lloran". Explícalo.
   _____
   _____
   _____
   _____

2. ¿Qué otro título le darías a esa canción?
   _____

3. Según la letra de la canción, ¿qué región brasileña defendía Chico Mendes?
   _____

4. ¿Qué significa el verso "Él murió a sangre fría"?
   _____
   _____

5. Investiga quién es Collor de Melo. ¿Por qué se hace referencia a esa persona en la canción?
   _____
   _____
   _____

Gramática en uso

1. En el refrán de la canción, se usan algunos verbos en pretérito indefinido. Obsérvalos:

Un ángel **cayó**.
Un ángel **murió**.
Un ángel **se fue**
y no volverá.

   a) Ya aprendiste la irregularidad del verbo **morir**. ¡A aprender la conjugación del verbo **caer**! La irregularidad está presente en la 3ª persona de singular y plural. Como ya sabes de las reglas de la formación de ese tiempo verbal, si pusiéramos el primer verso del refrán en plural, ¿cómo se conjugaría el verbo **caer**?
   _____

   b) Ya aprendiste la irregularidad del verbo **ir**. Pero en la canción se usa el verbo **irse**: "Un ángel se fue". Reflexiona sobre el significado de esos verbos. ¿Por qué se optó por decir **se fue**, usando el pronombre, al revés de **fue**?
   _____
   _____
   _____

Vocabulario en contexto

1. El estado del Acre es un exportador de **caucho**. Mira en el diccionario qué significa esa palabra. En la región amazónica, hay muchos recolectores de caucho. ¿Qué profesión es esa?

   _____

2. Brasil es un país muy grande y cada región tiene sus producciones. Además del caucho, hay otros productos que se destacan en la economía brasileña. Pon el número del producto en las imágenes:

   (1) arroz   (2) café   (3) cacao   (4) caña de azúcar   (5) algodón   (6) soja

Plantación en Mato Grosso.

Cosecha en Rio Grande do Sul.

Cafetal en Minas Gerais.

Cañaveral en São Paulo.

Plantación en Bahia.

Plantación en Paraná.

El español alrededor del mundo

- Al fruto que en México se llama **cacahuate** (palabra de origen náhuatl) se le denomina **cacahuete** en España y **maní** en el resto de América.
- A la **papa** (palabra de origen quechua) se le llama **patata** en España.
- A la **mazorca tierna** se le conoce en México con el nahuatlismo **elote**. **Choclo** es la palabra predominante en Sudamérica. En algunas partes se le llama, simplemente, **maíz tierno**.
- A la parte de la mazorca que soporta los granos se llama **carozo** en España y Argentina. Se prefiere el nahuatlismo **olote** en México y buena parte de Centroamérica. En las Antillas y Ecuador se conoce como **tusa**. **Coronta** se oye en República Dominicana y **marlo** en Paraguay y Uruguay.
- A la planta pequeña, sin partes leñosas, que cubre los prados, se llama **césped** en España y algunas regiones americanas; en México y varios países americanos se prefiere **pasto**; en México se emplea también el nahuatlismo **zacate**. En otras zonas predomina la voz **hierba**. **Yuyos** se oye en Paraguay.

ciento tres 103

Oído perspicaz: el español suena de maneras diferentes

Pronunciación de la letra *g*

🎧 **15** En la canción, escuchaste el sonido de la letra **g** en las siguientes palabras. Escúchalas nuevamente:

> án**g**el – aho**g**aba – a**g**onía – apa**g**a – madru**g**ada

¿En cuál(es) de esas palabras el sonido de la **g** es distinto?

_____

Tanto en el alfabeto portugués como en el español existe la letra **g**. Sin embargo hay algunas diferencias de pronunciación.

Veamos primero los casos en los que, en ambas lenguas, los sonidos representados por **g** son los mismos:

- Tanto en portugués como en español, si a la letra **g** sigue una **a** (**ga**) o una **o** (**go**), se pronuncia también como velar sonora /**g**/:

	Escritura	Pronunciación
Portugués	gola	[góla]
Español	gota	[góta]
Portugués	gala	[gála]
Español	gato	[gáto]

- En español a la letra **g** puede seguir una **e** o una **i**; en tal caso la **g** no se pronuncia como velar sonora sino como velar sorda (sonido semejante a la **h** de la palabra inglesa ***house***). Si la velar sorda la representamos por /**x**/, tenemos:

Escritura	Pronunciación
angel	[ánxel]
gente	[xénte]
girar	[xirár]

🎧 **16** Escucha y anota en el espacio vacío /g/ o /x/ según corresponda al sonido de la letra **g** en esa palabra.

Escritura	Pronunciación
águila	[á___ila]
coger	[ko___ér]
agitar	[a___itár]
gota	[___óta]
agüita	[a___uíta]

104 ciento cuatro

Habla

Lluvia de ideas

1. ¿Sabes qué es un sarao o tertulia poética? Investiga.
   _____
   _____
   _____
   _____

2. ¿Te gusta leer poesía? ¿Cómo debe ser una declamación o recitación poética?
   _____
   _____
   _____
   _____
   _____

3. Lee silenciosamente los poemas a continuación. Apunta las ideas que te vienen a partir de ellos. Entrena la pronunciación y elige lo que más te guste para leer en voz alta. Ten en cuenta la entonación, el ritmo y la emoción de los versos al recitarlos.

Hay que decir lo que hay que decir pronto

Hay que decir lo que hay que decir pronto,
de pronto,
visceral
del tronco;
con las menos palabras posibles
que sean posibles los imposibles.
Hay que hablar poco y decir mucho
hay que hacer mucho
y que nos parezca poco:
Arrancar el gatillo a las armas,
por ejemplo.

Gloria Fuertes. *Garra de la guerra*. Valencia: Media Vaca, 2002.

Género textual
- Sarao o tertulia poética

Objetivo de habla
- Leer, comentar e interpretar poesías.

Tema
- Qué dicen los poetas sobre la paz

Tipo de producción
- Conjunta

Oyentes
- Los destinatarios de un poema

A quien no lo sepa

Gloria Fuertes (1917-1998) fue una poeta madrileña que produjo muchas obras de poesía, teatro y televisión. Además, escribió cuentos infantiles y novelas para adultos. Durante la Guerra Civil Española su antibelicismo se hizo evidente en su poesía.

ciento cinco 105

A quien no lo sepa

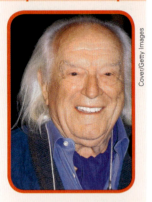

El poeta español Rafael Alberti (1902-1999), nacido en Santa María, Cádiz, ganó varios premios. Durante la Guerra Civil Española militó activamente en la política y dirigió varias revistas de orientación comunista. Vivió en el exilio hasta el año de 1977.

Mario Benedetti (1920-2009) fue un gran escritor uruguayo, que escribió más de ochenta libros y ganó muchos premios. También escribió ensayos y guiones para el cine. Sus libros se tradujeron a más de veinte idiomas.

Lo grito aquí: ¡Paz!

Lo grito aquí: ¡Paz! Y lo grito
llenas de llanto las mejillas.
¡Paz, de pie! ¡Paz! ¡Paz, de rodillas!
¡Paz hasta el fin del infinito!
No otra palabra, no otro acento
ni otro temblor entre las manos.
¡Paz solamente! ¡Paz, hermano!
Amor y paz como sustento.

Rafael Alberti. *Con la luz primera*. Antología de verso y prosa. Madrid: Edaf, 2002.

Desganas

Si cuarenta mil niños sucumben diariamente
en el purgatorio del hambre y de la sed
si la tortura de los pobres cuerpos
envilece una a una a las almas
y si el poder se ufana de sus cuarentenas
o si los pobres de solemnidad
son cada vez menos solemnes y más pobres
ya es bastante grave
que un solo hombre
o una sola mujer
contemplen distraídos el horizonte neutro

pero en cambio es atroz
sencillamente atroz
si es la humanidad la que se encoge de hombros.

Mario Benedetti. Sacado de: <www.escritoresxy.com/EDITOR_ONLINE/narracion_alumno/memoria.pdf>. Acceso el 2 de marzo de 2012.

Rueda viva: comunicándose

Busca otro poema en español cuya temática sea la paz. Investiga los datos biográficos de su autor. Luego, copia el poema en un afiche y haz un dibujo artístico ilustrándolo. Vas a tener que presentar la poesía en un sarao poético en tu colegio.

¡A concluir!

Al final, vamos a colgar los afiches en forma de un tendedero de poesía y comentar entre todos los poemas y los afiches del grupo: ¿Qué poema te llamó más la atención? ¿Por qué?

CULTURAS EN DIÁLOGO

nuestra cercanía

1. Pablo Picasso, famoso pintor español, realizó una colección de grabados con el símbolo de la paloma. Es tanta su admiración a esa ave que le bautizó a su propia hija con el nombre de Paloma. ¡A sensibilizarnos estéticamente! Mira con atención estas litografías y piensa en su simbología.

   Luego, haz tú también un dibujo sobre la frase:

   No hay camino para la paz, la paz es el camino.

   (Mahatma Gandhi)

La paloma de la paz, 1961. Pastel sobre papel, 51 cm × 66 cm.

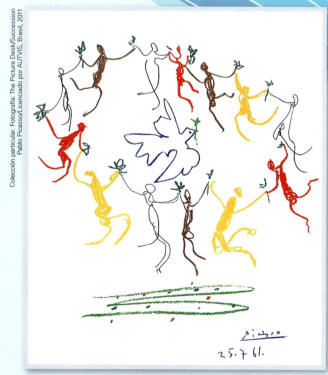

Danza de la paz, 1961. Litografía, 50,8 cm × 45,7 cm.

Preso con paloma de la paz, 1957. Litografía, 26,5 cm × 20,5 cm.

ciento siete 107

CULTURAS EN DIÁLOGO

2. Ahora, lee este poema de Gabriela Mistral, poeta chilena nacida en 1889 que obtuvo el Premio Nobel de Literatura en 1945 como reconocimiento a su labor poético y social. Mistral dedicó su vida como poeta y maestra a la defensa de los derechos humanos. La mayoría de sus poemas tratan del amor de una madre por sus hijos y del hecho de que a las mujeres no les gustan las guerras, ya que en ellas se mueren hijas e hijos.

Lee silenciosamente la poesía "Miedo". Luego, lee silenciosamente la traducción que Henriqueta Lisboa, una famosa poeta brasileña nacida en Minas Gerais, hizo de la poesía de Gabriela Mistral. Al final, lee las dos poesías en voz alta: ¿qué diferencias sonoras hay entre la poesía en español y la poesía en portugués?, ¿cómo interpretas esta poesía?

Miedo

Yo no quiero que a mi niña
golondrina me la vuelvan,
se hunde volando en el Cielo
y no baja hasta mi estera;
en el alero hace el nido
y mis manos no la peinan.
Yo no quiero que a mi niña
golondrina me la vuelvan.

Yo no quiero que a mi niña
la vayan a hacer princesa.
Con zapatitos de oro
¿cómo juega en las praderas?
Y cuando llegue la noche
a mi lado no se acuesta...
Yo no quiero que a mi niña
la vayan a hacer princesa.

Y menos quiero que un día
me la vayan a hacer reina.
La pondrían en un trono
a donde mis pies no llegan.
Cuando viniese la noche
yo no podría mecerla...
¡Yo no quiero que a mi niña
me la vayan a hacer reina!

Medo

Não quero que minha filha
se transforme em andorinha.
Para o céu iria voando
sem baixar à minha esteira.
Nos beirais faria ninho
sem a pentearem meus dedos.
Não quero que minha filha
se transforme em andorinha.

Não quero que minha filha
se mude numa princesa.
Calçando sandálias de ouro
não brincaria no prado.
E quando a noite descesse
não dormiria a meu lado.
Não quero que minha filha
se mude numa princesa.

E menos quero que um dia
ela venha a ser rainha.
Sentá-la-iam num trono
a que meus pés não alcançam.
E quando a noite chegasse,
niná-la eu não poderia.
Não quero que minha filha
venha um dia a ser rainha.

Gabriela Mistral. Sacado de: <http://www.poesi.as/gm240110.htm>.
Traducción de Henriqueta Lisboa. Sacado de: <http://www.letras.ufmg.br/henriquetalisboa/>. Accesos el 5 de marzo de 2012.

¿LO SÉ TODO? (AUTOEVALUACIÓN)

Lectura	¿Qué es una biografía?	¿Qué datos son citados en las biografías?	¿Quién es Rigoberta Menchú?
Escritura	¿Sé escribir una biografía?	¿Sobre quién he escrito una biografía?	¿Por qué alguien escribe una biografía?
Escucha	¿Quién es Chico Mendes?	¿Qué canción he escuchado de Maná?	¿Cómo se pronuncia la **g** en español?
Habla	¿Qué poemas conozco sobre la paz?	¿Qué es una tertulia literaria?	¿Qué es importante hacer para recitar bien un poema?
Gramática	¿Sé conjugar verbos irregulares en pretérito indefinido?	¿Sé diferenciar los verbos **ir** e **irse**?	¿Qué otros verbos he aprendido?
Vocabulario	¿Qué palabras de origen indígena conozco yo?	¿Qué significa la palabra **paloma**?	¿Qué palabras del medio agrícola conozco en español?
Cultura	¿Qué poetas en lengua española conozco yo?	¿Quién es Pablo Picasso?	¿Quiénes ganaron el Nobel de la Paz?
Reflexión	¿Soy un pacifista?	¿De qué manera contribuyo a la paz?	¿Qué hechos importantes hicieron los hispanohablantes ganadores del Nobel de la Paz?

GLOSARIO VISUAL

Palabras en contexto

¿Eres un pacifista? A observar las protestas de esos estudiantes...

Palabras en imágenes

papa — golondrina — iguana

6 Fabulando ideas: ¿qué actitudes tomar?

En esta unidad...

... entraremos en el mundo fantástico de las fábulas, aprenderemos más nombres de animales en español y pensaremos en actitudes sencillas que podremos practicar en nuestro entorno a partir de las moralejas. Al final podremos contestar a las preguntas: ¿Reflexiono sobre mis actitudes? ¿Me gustan las fábulas y sus moralejas?

¡Para empezar!

1. Seguro que has leído alguna vez una fábula, ¿verdad? En la literatura, se supone que existió Esopo, un gran fabulista griego. Según algunos historiadores él era un esclavo que aprendió a leer y a escribir y ganó la libertad. Sus fábulas son narraciones breves, protagonizadas por animales, de carácter alegórico y contenido moral, que ejercieron una gran influencia en la literatura y son muy leídas hasta hoy. Mira las imágenes. Ellas ilustran famosas fábulas esópicas. ¿Consigues identificarlas? Relaciona las figuras a las fábulas.

    (   ) "La liebre y la tortuga"
    (   ) "La zorra y las uvas"
    (   ) "La cigarra y la hormiga"
    (   ) "El león y el ratón"
    (   ) "El caballo y el asno"
    (   ) "El lobo y el cordero"

2. ¿Conoces alguna de las fábulas anteriores? ¿Cuál? Cuéntanos oralmente la historia y su moraleja, o sea, lo que nos enseñan tras la lectura.

Transversalidad
Aquí el tema transversal es la ética y la ciudadanía.

ciento once 111

Género textual
- Fábula

Objetivo de lectura
- Ordenar la historia.

Tema
- Autenticidad

A quien no lo sepa

Augusto Monterroso es un escritor guatemalteco que escribe, entre otros géneros textuales, fábulas y ensayos. Sus principales obras son *La oveja negra y demás fábulas* (1969), *La palabra mágica* (1983) y *Movimiento perpetuo* (1972).

Lectura

Almacén de ideas

1. Una de las características de las fábulas es la presencia de protagonistas animales.

   a) ¿Crees que en la "vida real" los animales hablan?
   _____

   b) Si fueses un fabulista, ¿qué animales serían protagonistas de tu historia? ¿Por qué?
   _____
   _____

2. Vas a leer una fábula cuyo título es "La Rana que quería ser una Rana auténtica".

   a) ¿Qué significa la palabra "auténtica"? Si no lo sabes, búscala en un diccionario monolingüe.
   _____

   b) ¿Cómo imaginas que se desarrollará la historia? ¿Por qué crees que la rana quería ser una rana auténtica?
   _____

Red(con)textual

Lee la siguiente fábula de Augusto Monterroso, "La Rana que quería ser una Rana auténtica", intentando ordenarla según el contexto.

La Rana que quería ser una Rana auténtica

Y así seguía haciendo esfuerzos hasta que, dispuesta a cualquier cosa para lograr que la consideraran una Rana auténtica, se dejaba arrancar las ancas, y los otros se las comían, y ella todavía alcanzaba a oír con amargura cuando decían que qué buena Rana, que parecía Pollo. ( )

Había una vez una Rana que quería ser una Rana auténtica, y todos los días se esforzaba en ello. ( )

Por fin pensó que la única forma de conocer su propio valor estaba en la opinión de la gente, y comenzó a peinarse y a vestirse y a desvestirse (cuando no le quedaba otro recurso) para saber si los demás la aprobaban y reconocían que era una Rana auténtica. ( )

Al principio se compró un espejo en el que se miraba largamente buscando su ansiada autenticidad. ( )

Un día observó que lo que más admiraban de ella era su cuerpo, especialmente sus piernas, de manera que se dedicó a hacer sentadillas y a saltar para tener unas ancas cada vez mejores, y sentía que todos la aplaudían. ( )

Unas veces parecía encontrarla y otras no, según el humor de ese día o de la hora, hasta que se cansó de esto y guardó el espejo en un baúl. ( )

Augusto Monterroso. *Cuentos, fábulas y lo demás es silencio*. México: Alfaguara, 1996. p. 196.

112   ciento doce

Tejiendo la comprensión

1. A lo largo del texto, vemos varios marcadores de tiempo que nos permiten ordenarlo e identificar su estructura. ¿Qué marcadores temporales son esos? ¿Qué papel tienen?
   _____
   _____
   _____

2. ¿Por qué Monterroso escribe Rana con mayúscula en el título?
   _____
   _____
   _____

3. ¿Qué papel cumple la expresión "Había una vez" en la fábula? ¿Qué efecto crea en el texto?
   _____
   _____
   _____

4. Normalmente, una fábula clásica presenta un mensaje que busca enseñar alguna cosa al final del texto. Piensa: ¿qué cuestionamientos y reflexiones nos lleva a hacer la fábula de Augusto Monterroso?
   _____
   _____
   _____

5. Para la Rana, "su propio valor estaba en la opinión de la gente". ¿Estás de acuerdo con eso? ¿Por qué?
   _____
   _____
   _____

6. ¿Cómo actúa la sociedad frente a los esfuerzos de autenticidad de la Rana? ¿Crees que actúan correctamente?
   _____
   _____
   _____
   _____

ciento trece 113

Vocabulario en contexto

1. Muchos artistas plásticos y pintores se inspiraron en las fábulas y crearon obras con animales humanizados, esto es, con ropas y gestos humanos. Mira algunos de los retratos de animales humanizados, ilustrados por Ryan Berkley e nómbralos: ¿cómo se llaman estos animales en español?

_____ _____ _____ _____

_____ _____ _____ _____

_____ _____ _____ _____

2. Como herencia de las fábulas, los animales humanizados han invadido el cine. Hay muchas películas, de animación o no, que tienen como personajes los animales que hablan. Mira algunos ejemplos. ¿Cómo se llaman estas películas en portugués?

Gramática en uso

El pretérito imperfecto

1. Observa los siguientes pasajes de la fábula y fíjate en los verbos en destaque:

"**Había** una vez una Rana que **quería** ser una Rana auténtica, y todos los días se **esforzaba** en ello."

"Y así **seguía** haciendo esfuerzos hasta que, dispuesta a cualquier cosa para lograr que la consideraran una Rana auténtica, se **dejaba** arrancar las ancas, y los otros se las **comían**, y ella todavía **alcanzaba** a oír con amargura cuando **decían** que qué buena Rana, que **parecía** Pollo."

Todos esos verbos expresan acciones ocurridas en el pasado. Marca la alternativa que mejor defina el uso de ese tiempo verbal.

( ) acción que marca una fecha bien definida en el pasado.
( ) acción pasada que se relacionan con el presente.
( ) acción que señala un proceso durativo en el pasado.

2. Los verbos **había**, **quería**, **esforzaba**, **seguía**, **dejaba**, **comían**, **alcanzaba**, **decían** y **parecía** están conjugados en pretérito imperfecto. Piensa en el nombre de ese tiempo verbal. ¿Por qué crees que lo nombran **imperfecto**?

_____

_____

3. ¡A pensar en la forma del imperfecto! A continuación hay una tabla con las terminaciones de los verbos en infinitivo. Pasa los verbos señalados al infinitivo y encájalos en su columna:

Verbos terminados en -ar	Verbos terminados en -er	Verbos terminados en -ir

4. Como se puede notar, los verbos terminados en **-er** e **-ir** tienen las mismas terminaciones. Observa las conjugaciones de los verbos **querer** y **seguir**, por ejemplo.

Pronombres / Verbos	Querer	Seguir
Yo	quería	seguía
Tú / Vos	querías	seguías
Él / Ella / Usted	quería	seguía
Nosotros (as)	queríamos	seguíamos
Vosotros (as)	queríais	seguíais
Ellos / Ellas / Ustedes	querían	seguían

En cambio, los verbos terminados en **-ar** tienen otra terminación. Intenta conjugar los verbos **se esforzaba**, **se dejaba**, **alcanzaba** en las personas gramaticales que faltan a continuación:

Pronombres / Verbos	Esforzarse	Dejarse	Alcanzar
Yo		me dejaba	
Tú / Vos	te esforzabas		
Él / Ella / Usted			alcanzaba
Nosotros (as)		nos dejábamos	
Vosotros (as)	os esforzabais		
Ellos / Ellas / Ustedes			alcanzaban

Ahora, observa la diferencia de la forma de ese tiempo verbal en español y en portugués:

Pretérito imperfecto	
Español	Portugués
hablaba	falava
hablabas	falavas
hablaba	falava
hablábamos	falávamos
hablabais	faláveis
hablaban	falavam

Véase también el **objeto educacional digital** "Animales Fabulosos".

¿Cuál es la diferencia en la escritura?
_____
_____

ciento diecisiete 117

Género textual
- Fábula

Objetivo de escritura
- Producir un libro con fábulas ilustradas.

Tema
- Moralejas diversas

Tipo de producción
- Trío

Lectores
- Todos los de la escuela que sepan leer en español

■ Escritura

Conociendo el género

1. En las fábulas, se pueden notar algunas características bien marcadas. Relee la fábula "La Rana que quería ser una Rana auténtica", de Augusto Monterroso, y marca V para verdadero o F para falso:

    (   ) Narrativa cuyos personajes son generalmente animales que piensan y actúan como seres humanos.

    (   ) Presencia de un narrador observador que no participa en la historia.

    (   ) Los personajes de las fábulas son siempre seres humanos.

    (   ) Historia que al final presenta una moraleja para llamar la atención del lector sobre su modo de pensar y actuar.

    (   ) Obra larga con muchos personajes.

2. Muchas veces, la moraleja presente en una fábula forma parte de proverbios o refranes muy comunes en la sociedad. Intenta relacionar algunos proverbios a sus significados:

    (a) *En casa de herrero, cuchillo de palo.*   (   ) Es útil no hablar todo lo que se quiere decir. Es preferible callarse.

    (b) *En boca cerrada, no entran moscas.*   (   ) Es bueno hacer todo a su tiempo, pues si no lo hacemos, alguien puede ocupar con mayor diligencia el lugar nuestro.

    (c) *El buey lerdo bebe agua turbia.*   (   ) Quien tiene más facilidad para disponer de algo es muchas veces quien carece de ello.

    (d) *No es oro todo lo que reluce.*   (   ) Significa que las apariencias no son tan fiables. La realidad puede ser engañosa.

3. Ahora, intenta formular una moraleja para la fábula de Augusto Monterroso:

_____
_____
_____
_____

118 ciento dieciocho

4. Además de las moralejas y otras características del género que has estudiado, en muchas fábulas, los personajes dialogan y, en sus hablas, se notan determinados signos. Lee la fábula "La cigarra y la hormiga", de Esopo, en la versión de La Fontaine, y observa cuándo y por qué se usan las rayas (–).

La cigarra y la hormiga

Cantó la cigarra durante todo el verano, retozó y descansó, y se ufanó de su arte, y al llegar el invierno se encontró sin nada: ni una mosca, ni un gusano.

Fue entonces a llorar su hambre a la hormiga vecina, pidiéndole que le prestara de su grano hasta la llegada de la próxima estación.

– Te pagaré la deuda con sus intereses; – le dijo – antes de la cosecha, te doy mi palabra.

Mas la hormiga no es nada generosa, y este es su menor defecto. Y le preguntó a la cigarra:

– ¿Qué hacías tú cuando el tiempo era cálido y bello?

– Cantaba noche y día libremente – respondió la despreocupada cigarra.

– ¿Conque cantabas? ¡Me gusta tu frescura! Pues entonces ponte ahora a bailar, amiga mía.

Moraleja: No pases tu tiempo dedicado sólo al placer. Trabaja, y guarda de tu cosecha para los momentos de escasez.

Sacado de: <www.bibliotecasvirtuales.com/biblioteca/literaturainfantil/fabulas/lacigarraylahormiga.asp>.
Acceso el 14 de noviembre de 2011.

Ahora, completa la frase:

Las rayas (–) sirven _____.

5. ¿Te gustan las fábulas? Antes de escribir la tuya con tus dos compañeros, ¡a leer más y a entrar en ese mundo de la literatura! Haz un paseo por la biblioteca de la escuela y por Internet, lee algunas en español y llévalas a clase para comentarlas con los compañeros. En los comentarios, debes agregar las siguientes informaciones:
- ¿Quiénes son los personajes?
- ¿Hay diálogos? ¿Qué signos de puntuación se usan?
- ¿El narrador participa en la historia o solamente la observa?
- ¿Cuál es la moraleja?

Planeando las ideas

Vamos a crear un libro con una colectánea de fábulas. ¿Cómo?

Primero: organiza la clase en grupos y cada uno va a elegir una moraleja para escribir su fábula. Si quieres, puedes elegir una entre las que te sugerimos.

> Si tienes una necesidad inmediata, de nada te servirá pensar satisfacerla con cosas inalcanzables.

> No por mucho madrugar amanece más temprano.

> Conoce siempre a los malvados para que no te atrapen con sus engaños.

> En los tiempos de bienestar debemos prepararnos para las épocas críticas.

> Siempre corresponde en la mejor forma a los favores que recibas. Debemos ser siempre agradecidos.

Segundo: elige los animales que serán los personajes de la historia. No te olvides de que hay que pensar en sus características. Por ejemplo, el cordero es ingenuo, la zorra es astuta, el pavo real es vanidoso...

Tercero: busca imágenes para ilustrar la fábula o, si hay alguien que tiene manos artísticas, puede dibujar y encantar a todos con su arte.

Cuarto: decide el papel del libro, la tapa, el *layout* de letras (si van a ser manuales o en la computadora).

Quinto: elige la ilustración de la tapa y la encuadernación del libro (en espiral, cosida, grapada, etc.).

Taller de escritura

¡A escribir la fábula! Cada grupo será responsable por crear una fábula partiendo de la moraleja elegida. No te olvides de las características estudiadas y de cómo se conjugan los verbos en pretérito imperfecto e indefinido, ya que vas a narrar una historia y necesitarás contar sucesos en el pasado. Como producción final, tendrás el libro de fábulas de la clase.

(Re)escritura

Relee el libro de fábulas y checa si:
- hay errores gramaticales y corrígelos;
- existe cohesión y coherencia entre las moralejas, los comentarios y las historias;
- el libro está atractivo y bien ilustrado.

¡A lanzar el libro y donarlo a la biblioteca de la escuela para que otros alumnos puedan leerlo!

Habla

Lluvia de ideas

Género textual
- Teatro de marionetas, muñecos o títeres

Objetivo de habla
- Presentar una fábula en forma de obra teatral.

Tema
- Fábula peruana

Tipo de producción
- Conjunta

Oyentes
- Comunidad escolar

1. Observa las siguientes imágenes de marionetas o títeres:

a) ¿Sabes qué son marionetas o títeres?

_____
_____
_____

b) ¿Has visto alguna vez un teatro de marionetas? ¿Te gustan esos muñecos hechos de varios materiales para escenificar una historia?

_____
_____
_____
_____
_____

2. Vas a hacer un teatro de marionetas sobre una de las fábulas del libro *Fábulas Peruanas*, de J. y V. Ataucuri García, que se llama "El paujil y el escarabajo".

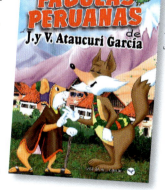

Tapa del libro.

ciento veintiuno 121

El paujil y el escarabajo

El paujil es un ave amazónica, negra y de pico rojo, pariente de las gallinas. Come de todo, hasta objetos pequeños como aros, anillos, bolitas, etc. que mete a su buche, dicen que para digerir mejor el alimento.

Un día encontró unos pequeños escarabajos y se los comió sin tomarle mayor interés al suceso. La mamá escarabajo, muy dolida, reclamó justicia.

– ¡Eres un monstruo. Algún día pagarás tu crimen! – Gritó el pequeño insecto –. Pero el paujil no le hizo caso.

Para el ave, el mal que había causado no tenía ninguna importancia. De igual modo, nadie en la selva se preocupó del sufrimiento de la desgraciada madre y, con el paso de los días, se olvidó totalmente el asunto.

Cuando una mañana el paujil fue a buscar alimento, las termitas aprovecharon para subir al nido del ave.

– Por aquí haremos un túnel que facilitará nuestro camino a casa – dijeron los insectos –, mientras que con gran esfuerzo le hacían un agujero al nido.

Y justo por ese hueco se cayó el huevo del paujil destrozándose en el piso. El dolor del ave fue terrible, toda la selva se estremeció por sus alaridos de pena y muchos opinaron que la maldad de las termitas debía ser vengada.

Así, se inició una gran cacería de termitas a la que fue invitada la escarabajo; pero ella, mirando a todos con desprecio, dijo:

– Cuando perdí a mis hijos, nadie se fijó en mi dolor, ¿ahora quieren que ayude a vengar la desgracia de quien justamente me hizo daño?

– Pero un crimen no puede quedar impune – arguyó el paujil.

– Exacto, por eso la providencia se encargó de hacerme justicia. Ahora sufres lo que sufrí yo. – Concluyó el insecto.

> "El sufrimiento del débil pasa inadvertido,
> el sufrimiento del poderoso es duelo nacional."

Juan Ataucuri García; Víctor Ataucuri García. El paujil y el escarabajo. In: *Fábulas peruanas*. Lima: Gaviota Azul, 2003.

Para eso hay que:
- leer la fábula y discutirla entre todos poniendo atención en los personajes, el escenario y en su sentido crítico;
- unirse a un grupo de cuatro o cinco compañeros;
- dividir las tareas (quien va a: representar cada personaje y el narrador, hacer el escenario y los muñecos, ser responsable por la música o banda sonora, etc.);
- crear los muñecos y el escenario.

Para crear el escenario, busca una caja de cartón, adórnala con papeles coloridos, banderillas, brocales, etc., según el lugar donde se pasa la historia.

Para crear los muñecos, se puede utilizar la técnica de papel maché o entonces usar medias o calcetines y pegar ojos, dibujar una boca, adornar la media según las características del personaje de la fábula. Puedes, además utilizar animales de peluche que ya tienes en casa.

Para hacer esas tareas, puedes pedir ayuda al profesor de Arte de tu escuela.

Teatro de títeres: las fábulas representadas.

Cada grupo debe ensayar mucho y entrenar sus hablas antes del gran día de estreno.

Rueda viva: comunicándose

¡A estrenar! ¡A escenificar! ¡A ser espectador de la obra del otro! El día del estreno, vas a representar tu obra y vas a mirar las obras de los compañeros. ¿Listo para divertirte?

¡A concluir!

¿Cómo fue la experiencia de representar una fábula en un teatro de marionetas? ¿Qué obra fue más ovacionada?

Género textual
- Fábula

Objetivo de escucha
- Lograr entender la secuencia de las acciones de las ranas.

Tema
- Fuerza de voluntad

■ Escucha

¿Qué voy a escuchar?

¿Tienes fuerza de voluntad o desistes frente a la primera dificultad?

Vas a escuchar una fábula cuyo título es "Las ranitas en la nata". ¿Cuál será la moraleja de esa historia? Formula hipótesis.

_____

Escuchando la diversidad de voces

🎧 17 Vas a escuchar una fábula narrada por el propio autor, Jorge Bucay. A continuación, hay cinco imágenes que representan la secuencia de la historia. Escucha y organiza las escenas.

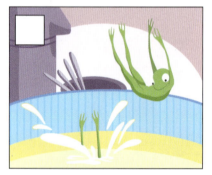

Vocabulario de apoyo
Esfuerzo estéril: esfuerzo que no produce ningún resultado.
Tozudo: obstinado, perseverante, tenaz.
Croar: producir las ranas un sonido continuado.

Comprendiendo la voz del otro

1. ¿Qué les pasó a las ranas?
_____
_____

2. ¿Cuál puede ser la moraleja de ese cuento?
_____
_____

3. ¿Piensas que es mejor morir sin intentar o morir intentando?
_____

124 ciento veinticuatro

Gramatica en uso

Lee el primer párrafo de la fábula "Las ranitas en la nata", de Jorge Bucay:

> "Había una vez dos ranas que cayeron en un recipiente de nata. Inmediatamente se dieron cuenta de que se hundían: era imposible nadar o flotar demasiado tiempo en una masa espesa como arenas movedizas. Al principio, las dos ranitas patalearon con fuerza en la nata tratando de llegar al borde del recipiente. Pero era inútil; sólo conseguían chapotear en el mismo lugar y hundirse una y otra vez. Sentían que a cada momento era más difícil salir a la superficie y poder respirar."

a) Subraya los verbos que aparecen en pretérito imperfecto.

b) ¿Qué papel cumplen los verbos en imperfecto al inicio de esta fábula?

_____

c) En este tiempo verbal, solo hay tres verbos irregulares: **ser**, **ir** y **ver**. Observa la tabla a continuación y completa los huecos del texto con los verbos en pretérito imperfecto:

Pronombres \ Verbos	Ser	Ir	Ver
Yo	era	iba	veía
Tú / Vos	eras	ibas	veías
Él / Ella / Usted	era	iba	veía
Nosotros(as)	éramos	íbamos	veíamos
Vosotros(as)	erais	ibais	veíais
Ellos / Ellas / Ustedes	eran	iban	veían

Cuando _____ (ser) niña, mi familia y yo _____ (ir) a casa de mis abuelos maternos todos los domingos. Mis abuelos paternos no _____ (estar) más vivos. Mi abuela _____ (hacer) dulces especiales y mi abuelo y yo _____ (ver) dibujos muy divertidos en la tele. Mis abuelos _____ (vivir) en una casa muy grande, mis primos y yo _____ (jugar) al escondite.

Oído perspicaz: el español suena de maneras diferentes

Pronunciación del dígrafo *ch*

En la fábula, oíste las siguientes palabras: **ch**apotear y lu**ch**ar. ¿Sabías que las letras **c** y **h** cuando juntas forman un dígrafo? Un dígrafo es la unión de dos letras para formar un solo signo gráfico que a su vez representa un solo sonido. En español se emplean varios dígrafos: **ch**, **ll**, **qu**... El dígrafo **ch** representa un sonido africado palatal sordo. La **ch** española se pronuncia como la **ch** de la palabra inglesa **kitchen**. Algunos ejemplos de palabras que llevan **ch** en español: di**ch**o, **ch**ico, co**ch**e, mu**ch**o, **ch**aleco...

🎧 18 Escucha las siguientes palabras y repítelas en voz alta:

chico – coche – mucho – chaleco

ciento veinticinco **125**

CULTURAS EN DIÁLOGO

nuestra cercanía

1. ¿Sabías que en Belo Horizonte, Minas Gerais, hay un grupo muy conocido de teatro de marionetas? Se llama Giramundo y ha presentado muchas obras sobre la cultura e historia brasileña y mundial. En su sitio electrónico <www.giramundo.org>, puedes navegar y encantarte con los muñecos que contaron sus historias…

   a) Lee las informaciones que el Instituto Hemisférico de Performance y Política (que investiga e incentiva la expresión artística teatral de las Américas) da sobre el grupo Giramundo y reflexiona: ¿qué significa la afirmación "Es para dejar a Gepetto boquiabierto"?

Muñecos del grupo Giramundo.

Los artistas del grupo de **Teatro de Bonecos Giramundo** – que cargan en la maleta espectáculos premiados, como *Cobra Norato* – son capaces de dar a los muñecos habilidad para interpretar textos complejos. "Cada muñeco tiene un tipo de información diferente. Los montajes exigen mucha investigación. Las técnicas de manipulación y el material que utilizamos en la confección de los muñecos dependen de cómo será el texto, la banda sonora y el escenario", explica Beatriz Apocalypse. Después de la muerte de sus padres el año pasado, Beatriz heredó la responsabilidad de mantener el grupo, que tiene 13 espectáculos activos. Cada año, además de montar un nuevo espectáculo, el grupo hace un remontaje. Las 950 marionetas, que escenifican las obras del grupo, componen el acervo del Museo Giramundo, que tiene la mayor colección privada de Brasil. La *Coleção de Desenhos e Estudos para Teatro* del museo reúne esbozos y croquis para escenografía, así como vestuarios del creador del grupo. "Lo que diferencia a Giramundo es la forma plástica de los muñecos, que varía de acuerdo con la personalidad de cada personaje", cuenta Beatriz. Es para dejar a Gepetto boquiabierto.

Sacado de: <http://hemisphericinstitute.org/hemi/es/enc05-performances/item/1398-enc05-bonecos>.
Acceso el 5 de agosto de 2011.

   b) ¿Ya fuiste espectador de alguna obra de Giramundo? El espectáculo más famoso del grupo es "Cobra Norato", que se basa en el libro épico en versos, de mismo nombre, del escritor brasileño Raul Bopp y cuenta la historia de un niño-culebra que necesita la leche para quedarse en forma humana y se apasiona por la hija de la reina Luzia (en español Lucía), con quien desea casarse. ¡A conocer el primer canto de la obra! Fíjate que el traductor Andrés Ajens usa el castellano romance, esto es, el español tal como era hablado en el comienzo de su formación e introduce otras formas poéticas. ¿Cuáles son ellas?

   _____
   _____

Cobra Norato

I
Um dia
ainda eu hei de morar nas terras do Sem-Fim

Vou andando caminhando caminhando
Me misturo no ventre do mato mordendo raízes

Depois
faço puçanga de flor de tajá de lagoa
e mando chamar a Cobra Norato.

– Quero contar-te uma história
Vamos passear naquelas ilhas decotadas?
Faz de conta que há luar.

A noite chega mansinho.
Estrelas conversam em voz baixa.
Brinco então de amarrar uma fita no pescoço
e estrangulo a cobra.

Agora sim
me enfio nessa pele de seda elástica
e saio a correr mundo

Vou visitar a rainha Luzia.
Quero me casar com sua filha.
– Então você tem que apagar os olhos primeiro
O sono escorregou nas pálpebras pesadas
Um chão de lama rouba a força dos meus passos

Raul Bopp. *Cobra Norato e outros poemas*. Rio de Janeiro: Civilização Brasileira, 1976. p. 5-6.

I
Un día
he de morar en las tierras del a-
fín
voy andando caminando camin a n d o
mézclome en vientreselvas m a s c o r aíces
des-
pués
échome un preparado de flor de tayá de laguna
y a Cobra Norato mando a llamar
– quiero contarte una istoria.
– ¿pasearemos entre islas escotadas?
– haz cuenta que hay luna – recala su
c l a r e a r

la noche llega muy queda
estrellas conversan en voz baja
luego juego a a-
tarle una cinta al cuello y a C-
obra estrangulo
ahora sí que sí
me deslizo en su piel de elást i c a seda
me largo a vagarrumbear
voy a e n t r e v e r a r a la reina L u c i l a
quiero coyuntarme con su filía
– y bueno, tenés que obturar o j o s
primeramente
el sueño cuélase entre pesados párpados
un loderío sustrae fuerza al andar

Raul Bopp. *7 pasajes de Cobra Norato*: Nheengatú de la orilla siniestra del Amazonas. Trad. Andrés Ajens. Proyecto Patrimonio de Difusión de Cultural, Chile, 2008. Sacado de: <www.letras.s5.com/aa2501081.html>. Acceso el 4 de agosto de 2011.

A quien no lo sepa

- **Raul Bopp** fue un escritor que participó del Movimiento Modernista brasileño. La obra épica *Cobra Norato* cuenta en versos la historia del mito amazónico, mezclando folclore y lenguaje regional. El mito trata de una culebra gigante, con ojos luminosos (también conocida como Boiúna) que vive en los ríos, lagos e igarapés y devora a los que se acercan para beber agua.
- En la traducción al español de *Cobra Norato* que realizó Andrés Ajens se puede notar el uso del recurso autoral denominado "licencia poética". Esto es, el traductor se vale de la libertad para crear grafías y reinventar léxicos que en otros contextos no poéticos podrían considerarse incorrecciones. Sin embargo, esa libertad de trabajar con el lenguaje se permite en la poesía para agregar ritmo, sonoridad y efectos de sentido en los versos.

¿LO SÉ TODO? (AUTOEVALUACIÓN)

Lectura	¿Qué son las fábulas?	¿Quién es Augusto Monterroso?	¿Cuáles son las características de una fábula?
Escritura	¿Sé escribir una moraleja?	¿Sé cómo se organiza una fábula?	¿Corrijo y reviso mis textos?
Escucha	¿Cómo es la fábula "Las ranitas en la nata"?	¿Quién es Jorge Bucay?	¿Sé cómo se pronuncia el dígrafo **ch** en español?
Habla	¿Qué fábulas peruanas conozco?	¿Qué son los títeres?	¿Sé hacer un teatro de marionetas?
Gramática	¿Logro hablar de hechos pasados?	¿Sé cuáles son los verbos irregulares en pretérito imperfecto?	¿Sé usar las rayas?
Vocabulario	¿Qué nombres de animales conozco?	¿Qué animal es el paujil?	¿Qué animales ya vi en las tapas de películas?
Cultura	¿Qué es Giramundo?	¿Qué es "Cobra Norato"?	¿Qué fabula peruana conozco?
Reflexión	¿Reflexiono sobre mis actitudes?	¿Pongo atención a las moralejas?	¿Cómo puedo actuar con respeto a las personas?

GLOSARIO VISUAL

Palabras en contexto

¿Te gustan las fábulas? A leer lo que esas chicas dicen sobre las fábulas que leyeron:

En las vacaciones pasadas, leí un montón de fábulas de Monterroso. La que más me gustó fue "Oveja negra". ¿La has leído alguna vez?

No. Pero si es así tan buena, voy a leerla. Te sugiero que leas "El espejo que no podía dormir". ¡Es fantástica!

Ilustraciones: Sabrina Eras/ID/BR

Palabras en imágenes

escarabajo

lechuza

hormiga

128 ciento veintiocho

Repaso: ¡juguemos con el vocabulario y la gramática!

Unidades 5 y 6

Individual

1. Rellena el crucigrama con los verbos irregulares en pretérito perfecto simple o indefinido.

   Horizontales
   1. venir (usted).
   2. hacer (usted).
   3. convertir (usted).
   4. poner (ustedes).
   5. tener (tú).
   6. venir (yo).

   Verticales
   1. poner (nosotros).
   2. ir (vosotros).
   3. poder (ustedes).
   4. decir (tú).
   5. morir (usted).
   6. dar (ustedes).

Repaso: ¡juguemos con el vocabulario y la gramática!

2. ¿Te acuerdas de los nombres de algunos productos que Brasil produce en sus tierras? A buscarlos en la sopa de letras. Te pusimos seis:

A	S	Z	Y	U	K	Z	Z	W	C	E
L	W	H	V	J	A	G	H	A	S	Y
G	U	W	L	B	D	C	U	R	B	E
O	R	A	M	O	S	C	X	R	X	T
D	E	R	F	S	H	N	W	O	I	A
O	S	U	K	O	G	K	V	Z	P	S
N	G	L	A	C	Y	P	C	Z	G	Y
K	S	D	D	N	C	I	Q	A	E	V
C	A	C	A	O	L	Z	Z	H	F	A
S	J	Q	J	D	X	C	V	H	A	E
T	B	G	R	T	S	O	J	A	B	H

En parejas

¡A jugar con las palabras de origen indígena! En un papel cartón, escribe los nombres abajo y recórtalos. Luego, haz un monte y baraja las fichas. En parejas, uno saca una ficha de cada monte e intenta decir de qué lengua indígena se origina esa palabra. El que logre acertar más, gana el juego.

> Lenguas indígenas:
> náhuatl, guaraní, mapuche, quechua, taíno

Palabras del monte:

130 ciento treinta

En tríos

¡A confeccionar dos tarjetas, una amarilla y otra roja! La tarjeta amarilla significa cuidado. La roja significa error. En tríos, dos jugarán y uno será el árbitro del juego. Las reglas son las siguientes:

- Hay que leer en voz alta algunos trabalenguas con el dígrafo **ch** y las letras **g** y **j**.
- Si hay un error en la pronunciación, el árbitro levantará la tarjeta amarilla.
- La tarjeta roja se la levantará en el segundo error y hay que cederle la vez al compañero.

¡A destrabar la lengua!

a) María Chuchena su techo techaba, y un techador le preguntaba:

¿Qué techas María Chuchena? ¿O techas tu choza o techas la ajena?

No techo mi choza ni techo la ajena. Yo techo el techo de María Chuchena.

b) Han dicho que he dicho un dicho, tal dicho no lo he dicho yo. Porque si yo hubiera dicho el dicho, bien dicho habría estado el dicho por haberlo dicho yo.

c) De generación en generación las generaciones se degeneran con mayor degeneración.

En grupos

¿Te gustan los animales?

Vas a hacer un viaje para conocer algunos animales. Cada casa del tablero es un lugar diferente y para avanzar en el viaje hay que decir cuál es el nombre del animal dibujado. Vas a necesitar un dado y más colegas, cada uno con su moneda, que servirá como ficha.

ciento treinta y uno **131**

7 Lienzo en muestras: ¿qué sé yo sobre la Guerra Civil Española?

A. Dibujo de Luis Aparicio Alonso, 10 años. Escuela Hogar Antella, Valencia. Tema de la sección: "La presencia de la guerra".

B. Dibujo de Jaime Barrio, 12 años. Residencia Infantil n. 6, San Juan, Alicante. Una calle de Madrid: escena de un niño antes de la guerra. Tema de la sección: "La vida antes de la guerra".

C. Dibujo de F. Sanz Herranz. Balneario de Bellús, Valencia. Colonia escolar madrileña. Tema de la sección: "Ayuda humanitaria y evacuación".

En esta unidad...

... conoceremos el lienzo *Guernica*, de Pablo Picasso. Además, reflexionaremos sobre un importante acontecimiento de la historia mundial del siglo XX, la Guerra Civil Española. Luego aprenderemos a contar hechos del pasado y a opinar sobre ellos e intentaremos contestar a las preguntas: ¿Cómo el arte nos puede ayudar a aprender sobre la lengua, la historia y la cultura de un pueblo? ¿Qué sé yo sobre las guerras y dictaduras?

Dibujo de Mercedes Comellas Ricart, 13 años. Francia. Bombardeo en el Centro Español de Cerbere. Tema de la sección: "La presencia de la guerra".

Dibujo de Evangelina García, 12 años. Residencia Infantil n. 23, Biar. Bombardeo en Alicante. Tema de la sección: "La ruptura del mundo de la niñez".

¡Para empezar!

¿Pensaste alguna vez lo que ocurre con los niños en una guerra? ¿Adónde van? ¿Quiénes los cuidan? Mira estos dibujos de chicos españoles. Ellos fueron testigos de la guerra civil de su país y nos muestran su punto de vista sobre ese acontecimiento traumático de sus vidas. Tras las observaciones, contesta oralmente.

1. Relaciona los dibujos con el tema de esta unidad: ¿en la mirada de los niños, cómo fue la guerra y cómo era la vida antes de la guerra?

2. Observa el color rojo del primer dibujo. ¿Qué representa?

3. Observa los colores de los dibujos B, C, D y E. ¿Cuáles de ellos presentan más colores? ¿Cuáles presentan menos colores? En tu opinión, ¿por qué eso es así?

Transversalidad

Aquí el tema transversal es la cuestión del respeto a las formas de expresarse de cada uno y sus concepciones políticas.

ciento treinta y tres 133

Género textual
- Lienzo

Objetivo de lectura
- Reconocer elementos pictóricos y comentarlos.

Tema
- Guerra Civil Española

■ Lectura

Almacén de ideas

1. ¿Te gusta el arte? ¿Has ido alguna vez a un museo? ¿Has visto alguna exposición de pinturas?

En la revista *Todos Amigos*, hay seis comentarios sobre algunas obras de arte. Léelos y luego, en el recuadro, escribe el nombre de la obra de arte a la que se refiere el comentario:

JUEGO

Comentarios ante una obra de arte

Hemos ido a un museo imaginario y hemos grabado los comentarios de dos visitantes ante seis famosas obras de arte. Sin embargo, a la hora de compaginar la revista, el gráfico se ha armado un poco de jaleo y los textos no se corresponden con las imágenes. ¿Podrías poner cada cosa en su lugar? ¿Sabrías decir de qué obra están hablando los visitantes en cada ocasión?

Ella: ¡Qué ojos tan tristes tiene!

Él: Más que tristes yo diría que son melancólicos.

Ella: Tienes razón. Su chaqueta parece un cielo estrellado. ¡Seguro que era un hombre bueno y generoso!

Él: El autor lo apreciaba mucho porque lo había ayudado en los momentos más difíciles, eran buen amigos.

Ella: Y ahora, después de cien años, su generosidad sigue impresionándonos.

Él: ¡Qué extraña es esta mujer!

Ella: Todas las mujeres encierran un misterio difícil de desvelar.

Él: Y tú que eres una mujer, ¿consigues interpretar su sonrisa?

Ella: A veces, cuando me concentro en este retrato, me parece que sí. Pero a la única conclusión que he llegado es que lo importante no es comprender su sonrisa sino admirar la belleza del cuadro.

1 Andy Warhol: *Retrato de Marilym Monroe.*

Él: ¡Yo también soy capaz de hacer una obra de arte así!

Ella: Pero tú no eres un artista. El artista, para el autor de esta obra, no es quien **hace** algo artístico sino quien **piensa** y se **comporta** como un artista.

Él: ¿Y hay que ser un artista para exponer algo semejante?

Ella: ¡Claro! Un artista es una persona que te muestra las cosas cotidianas desde otra perspectiva, que sueña y te hace soñar. Alguien que consigue que las cosas comunes parezcan maravillas.

2 Pablo Picasso: *Les Demoiselles d'Avignon.*

3 Leonardo da Vince: *Mona Lisa.*

Ella: La verdad es que era muy bella...

Él: Tenía una sonrisa estupenda. ¿Por qué le hizo tantos retratos?

Ella: El autor retrató a los personajes más conocidos de la segunda mitad del siglo XX. Además, de un solo personaje, hacía varias versiones porque decía que la sociedad de consumo se basa más en la cantidad que en la calidad.

Él: Entonces, ¿una botella de Coca-Cola es una obra de arte?

Ella: En cierto modo, sí.

Ella: ¿Qué están haciendo esas mujeres?

Él: Nada. Se dejan observar.

Ella: ¿Y por qué parece que se estuvieran escondiendo? Las caras parecen máscaras, son todas iguales e inexpresivas.

Él: En realidad es el autor quien se esconde detrás de todas ellas. Las mujeres representan la fuerza y la violencia de la vida, la variedad de los puntos de vista del artista, su amor por África y por la naturaleza salvaje. Ahora estamos más acostumbrados a estas formas pero hace cien años fue toda una revolución.

4 **Marcel Duchamp:** La rueda de bicicleta.

Ella: Perder a un hijo es el dolor más grande que una madre puede soportar...

Él: ¡Y qué Hijo había perdido esta Madre!

Ella: El dolor es tan grande que parece como si el tiempo y el espacio se hubiesen detenido sobre la muerte del Hijo.

Él: Pero podría ser la escena de la muerte de una persona cualquiera y no de un Ser divino.

Ella: En eso consiste la verdadera revolución de este gran pintor: representar escenas de acontecimientos que podrían sucederle a cualquiera.

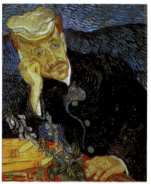

5 **Giotto:** El duelo de Cristo Muerto.

6 **Vincent Van Gogh:** Retrato del doctor Gachet.

La solución está en la página 30.

Todos Amigos, tu Revista en Español. Año X, n. 7, abr. 1997, p. 18-9.

Comentarios	Obras de arte
"¡Qué ojos tan tristes tiene!"	
"¡Qué extraña es esta mujer!"	
"¡Yo también soy capaz de hacer una obra de arte así!"	
"La verdad es que era muy bella..."	
"¿Qué están haciendo esas mujeres?"	
"Perder a un hijo es el dolor más grande que una madre puede soportar..."	

2. ¿Te acuerda de los grabados con las palomas de Pablo Picasso? Ahora vas a observar un lienzo muy famoso que ese pintor español hizo en 1937. Se llama **Guernica**. ¿Ese nombre te remite a algo?

ciento treinta y cinco 135

Red (con)textual

Observa atentamente el lienzo *Guernica*, del pintor español Pablo Picasso.

Guernica, de Pablo Picasso. Óleo sobre lienzo. 350 cm × 782 cm, 1937. Centro Nacional de Arte Reina Sofía, Madrid.

Luego, apunta lo que sientes al mirar cada fragmento a continuación:

A quien no lo sepa

- Guernica era un pequeño pueblo español, localizado en la región basca, que fue bombardeado por la Legión Cóndor de Hitler, bajo apoyo del dictador español Francisco Franco, en 1937. En el bombardeo, millares de personas, entre ellas niños, mujeres y ancianos, murieron o quedaron gravemente heridas.
- Mirar ese lienzo de Pablo Picasso es compartir con el pintor todo el horror sentido por la guerra y su destrucción. Sentimiento que podemos demostrar a través de la frase: ¡Guernica nunca más!

Un caballo

Un toro

Una mujer con su hijo

Una mujer que huye

Una lámpara

Un hombre caído al suelo

_____

_____

136   ciento treinta y seis

Tejiendo la comprensión

1. ¿Cómo describes ese lienzo? ¿Qué elementos te parecen importantes para destacar?
   _____
   _____

2. Lee el box "A quien no lo sepa" y contesta: ¿Qué significa la palabra Guernica? ¿Por qué crees que Picasso le puso ese nombre a la pintura?
   _____
   _____

3. ¿Qué colores usa el pintor? ¿Por qué crees que los usa?
   _____
   _____

4. Dicen que cuando un oficial nazista, en una exposición de arte de 1940 en la ciudad de Paris, que estaba en la ocasión ocupada por los alemanes, le preguntó a Picasso si había sido él quien hizo aquello, el pintor habría contestado: "¡No! Ustedes lo hicieron." ¿Qué quiso decir Picasso con esa afirmación?
   _____
   _____

5. ¿Te gustaría ser pintor? ¿Crees que el arte cumple una función social y política?
   _____
   _____

6. Ahora, mira las siguientes fotos. Imagínate que eres un pintor y que deseas expresar tu indignación frente la guerra, ¿cómo pintarías tu lienzo? ¿harías algo parecido a la obra de Picasso? En una hoja blanca, ¡a pintar!

Pablo Picasso pintando *Guernica*.

La obra en exposición en el Museo Reina Sofía, Madrid.

ciento treinta e siete 137

Gramática en uso

Hablar del pasado: pretérito imperfecto / pretérito indefinido

Para narrar la historia colectiva o nuestra historia individual necesitamos usar el tiempo pasado.

Vamos a empezar pensando en cinco acciones que en el pasado tú realizabas habitualmente y que el año pasado / ayer no hiciste. Por ejemplo: Antes siempre celebraba mi cumpleaños con una fiesta, pero el año pasado no invité a nadie y me fui al cine.

Para ayudarte en esa tarea consulta la Chuleta Lingüística al final del libro.

1. _____
2. _____
3. _____
4. _____
5. _____

Seguramente en tu consulta, viste que hay varias formas de referirse al pasado en español. Vamos a comparar el uso de dos de ellas: el **pretérito imperfecto** y el **pretérito indefinido**. ¡A sistematizar los usos de cada uno de esos tiempos verbales!

1. El pretérito imperfecto expresa acciones inacabadas en el pasado. / El pretérito indefinido expresa acciones acabadas en el pasado:

> En mi pueblo teníamos dos escuelas.
> En mi pueblo tuvimos dos escuelas **hasta el año pasado**.

2. El pretérito imperfecto también puede expresar acciones repetidas, habituales y en desarrollo. / El pretérito indefinido expresa acciones que han pasado una sola vez, la acción tiene un principio y un fin claro en la frase:

> Antes generalmente veíamos una película y nos acostábamos a la una.
> Anoche vimos una película y nos acostamos a la una.

3. Cuando hay marcadores temporales que indican límite de la acción, el tiempo adecuado es el pretérito indefinido:

> **El año pasado** estuve en Viena.
> **Desde 1980 a 1990** viví en Madrid.
> Los Martínez estuvieron aquí **mucho tiempo**.

4. Algunas veces, sólo el contexto puede explicar la intención del hablante al utilizar uno u otro tiempo:

> En verano fuimos a ver a mis padres.
> En verano íbamos a ver a mis padres.

En el primer ejemplo alguien está contando lo que hicieron en un año concreto; en el otro alguien está contando lo que solían hacer todos los veranos en la época de la que se está hablando.

5. Si aparecen juntos, el pretérito indefinido expresa la acción principal. / El pretérito imperfecto describe la causa o las circunstancias de la acción principal.

> Cuando ya estábamos todos de acuerdo, Óscar dijo que no.
> Como ayer el niño tenía fiebre, lo llevé al médico.
> Dormía profundamente cuando sonó el teléfono.
> El otro día comprasteis unos helados que tenían una fresa riquísima.

Véase también el **objeto educacional digital** "Recetas para una buena historia".

Ahora, completa el fragmento a continuación con los verbos conjugados en el pasado.

El Arte de la Guerra Civil en España

La Guerra Civil Española _____ (servir) de inspiración a toda una generación de artistas e intelectuales.

La actividad artística que _____ (producirse) en España entre 1936 y 1939 _____ (atender) a exigencias extraculturales. No debemos olvidar sus raíces sociales, esto es, la guerra y la revolución. Debido a la creciente politización de la cultura, nos encontramos nosotros con un arte de tendencia, cualquier planteamiento que no fuera político _____ (ser) rechazado en la época.

La propaganda militar marca gran parte del arte de la Guerra Civil en España.

El arte _____ (disponerse) a informar y a formar, tomando partido. Podemos decir, de modo general, que el arte de la guerra _____ (ser) un arte de propaganda. Estas nuevas exigencias _____ (traer) numerosos cambios formales, algunas tendencias _____ (desaparecer), dando paso a las vanguardias con mucha sencillez expresiva.

Adaptado de: <www.arteespana.com/guerracivil.htm>. Acceso el 9 de abril de 2011.

Género textual
- Línea del tiempo

Objetivo de escritura
- Hacer la línea del tiempo de un hecho histórico.

Tema
- Guerra Civil Española

Tipo de producción
- Conjunta, entre todos

Lectores
- Los compañeros de clase

Escritura

Conociendo el género

1. Vamos a crear una línea del tiempo sobre la Guerra Civil Española con el objetivo de aprender un poco más sobre ese hecho tan importante de la historia mundial. Pero, antes, a pensar el género textual: ¿qué crees que es una línea del tiempo? ¿Has visto una alguna vez?
   _____
   _____

2. No existe un padrón único para la representación gráfica en una línea temporal: ella puede ser vertical, horizontal, en espiral, circular, hecha en gráficos, con o sin imágenes. Esto es, el estilo va a cambiar según el público meta y el gusto estético del productor y del espacio de divulgación de la línea del tiempo (libro didáctico, revista de ciencia, reportaje policíaco, etc.). Sin embargo, para elaborar una línea de tiempo hay que tener en cuenta ciertos elementos que son comunes al género. Relaciona las dos columnas y conoce esos elementos:

   (a) Dirección ( ) nos apunta para la identificación de los eventos y de las fechas en que estos ocurrieron

   (b) Escalas o medidas ( ) nos muestra los acontecimientos anteriores y posteriores en el período que estudiamos, teniendo en cuenta una fecha de inicio y otra al final

   (c) Tema ( ) nos indican los intervalos de tiempo que existen en el período estudiado

3. Mira algunos ejemplos de línea del tiempo:

HISTORIA BARRIO MARISCAL SUCRE

1953

El terreno era parte de las familias Pardo Rubio y Pardo Villaveces donde había pastoreo, siembra y un chircal (extracción arcilla para hacer ladrillos).

Los obreros fundaron el barrio y lo bautizaron en honor al héroe de la independencia americana Antopnio José de Sucre.

Una actividad importante fue la conformacion de lavaderos comunitarios que a la vez limitaron y determinaron la division del territorio.

1985

Dentro del plan de desarrollo se pensaba construir un polideportivo. El proyecto se vino abajo por la construcción de la vía que hoy se conoce como la circunvalar.

Los habitantes del barrio realizaron su proprio modelo de desarrollo y fueron respaldados por la ONU y la alcaldía.

2011

El comedor comunitario recibe aproximadamente 75 niños diarios de edades entre los 2 a los 14 años.

| HISTORIA DEL TERRENO | FUNDACIÓN DEL BARRIO | ACTIVIDADES Y ESTRUCTURACIÓN | PLAN DE DESARROLLO | ACTUALMENTE EL LOTE |

Sin escritura alguna, el terreno fue cedido a los trabajadores del chircal.

Las actividades que realizaban para generar ingresos y subsistir era el pastoreo y los trabajos en el chircal (ladrillera).

Se fueron generando vivendas de uso mixto para el sustento de los habitantes de la comunidad como una economía emergente.

Ya se había comenzado el proyecto del polideportivo, cuando el proyecto se vino abajo. El lugar fue ocupado por habitantes de la calle.

El comedor comunitario infantil sigue siendo administrado por Gllma. Recibe una remuneración de $200.000 pesos mensuales por parte de la alcaldía municipal.

Sacado de: <http://elbarriomio.wordpress.com/2012/02/03/linea-del-tiempo/>. Acceso el 5 de marzo de 2012.

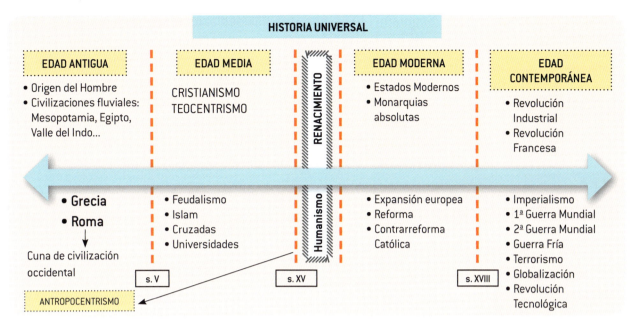

Sacado de: <http://albertoriveraherrera.blogspot.com/2010/12/linea-de-tiempo-de-la-historia.html>.
Acceso el 9 de abril de 2011.

Para ayudarte en la tarea de hacer la línea temporal, busca en tus libros didácticos tipos diferentes de líneas del tiempo (cronológica, paralela y graficada) para ver más ejemplos y preséntaselas a todos de la clase.

Planeando las ideas

Nuestra línea del tiempo tiene como temática la Guerra Civil Española. ¡A ampliar nuestro conocimiento!

1. 🎧 19 Escucha el audio del vídeo sacado del sitio Practiopedia (<http://educacion.practicopedia.com/como-empezo-la-guerra-civil-espanola-2327>) y haz un resumen de los hechos más importantes en la telaraña.

A quien no lo sepa

Una línea del tiempo es un organizador gráfico que tiene el objetivo de mostrar una secuencia de eventos. Se ordena a lo largo de un periodo de tiempo, en escalas diferentes que pueden ir de minutos a millones de años. Se usa muchísimo en las clases de historia para comprender mejor los eventos y tendencias de un tema particular.

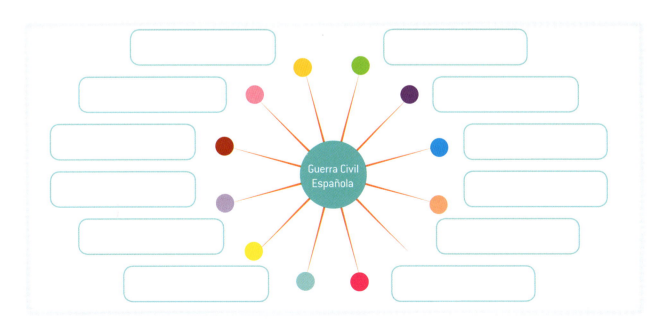

ciento cuarenta y uno 141

Vocabulario de apoyo
Coalición: confederación, liga, unión.
Carlistas: partidarios de un movimiento que defendía el absolutismo.

2. Seguramente ya conoces Wikipedia. Es una enciclopedia virtual escrita a varias manos, esto es, todo el mundo puede agregar informaciones a esa fuente de consulta. Eso tiene dos lados: el positivo y el peligroso. El positivo es que ayuda a ampliar el acceso a la información. Lee el texto a continuación y marca las informaciones (fechas, acontecimientos) que te parecen útiles sobre la Guerra Civil Española para constar en la línea del tiempo:

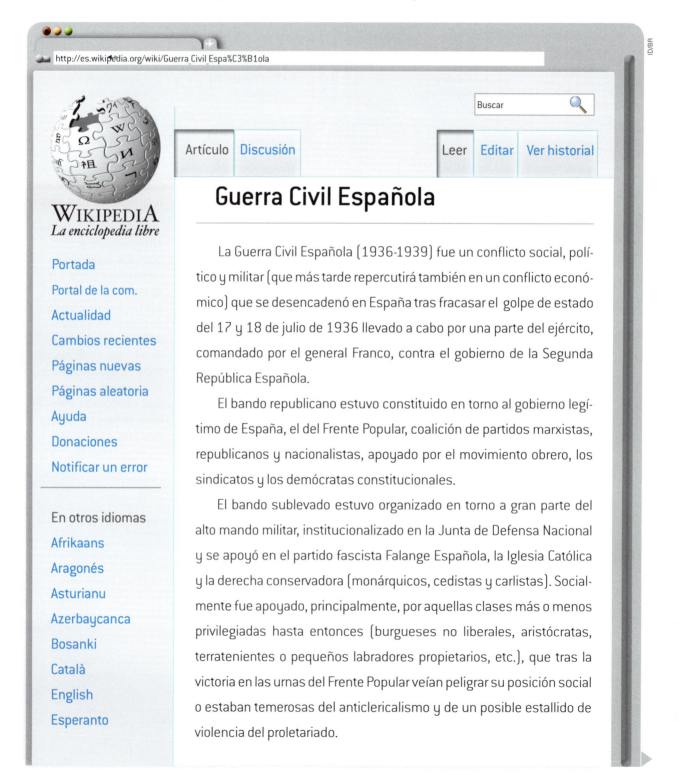

http://es.wikipedia.org/wiki/Guerra_Civil_Espa%C3%B1ola

Guerra Civil Española

La Guerra Civil Española (1936-1939) fue un conflicto social, político y militar (que más tarde repercutirá también en un conflicto económico) que se desencadenó en España tras fracasar el golpe de estado del 17 y 18 de julio de 1936 llevado a cabo por una parte del ejército, comandado por el general Franco, contra el gobierno de la Segunda República Española.

El bando republicano estuvo constituido en torno al gobierno legítimo de España, el del Frente Popular, coalición de partidos marxistas, republicanos y nacionalistas, apoyado por el movimiento obrero, los sindicatos y los demócratas constitucionales.

El bando sublevado estuvo organizado en torno a gran parte del alto mando militar, institucionalizado en la Junta de Defensa Nacional y se apoyó en el partido fascista Falange Española, la Iglesia Católica y la derecha conservadora (monárquicos, cedistas y carlistas). Socialmente fue apoyado, principalmente, por aquellas clases más o menos privilegiadas hasta entonces (burgueses no liberales, aristócratas, terratenientes o pequeños labradores propietarios, etc.), que tras la victoria en las urnas del Frente Popular veían peligrar su posición social o estaban temerosas del anticlericalismo y de un posible estallido de violencia del proletariado.

[...]
Las consecuencias de la Guerra Civil han marcado en gran medida la historia posterior de España, por lo excepcionalmente dramáticas y duraderas: tanto las demográficas (aumento de la mortalidad y descenso de la natalidad que marcaron la pirámide de población durante generaciones) como las materiales (destrucción de las ciudades, la estructura económica, el patrimonio artístico), intelectuales (fin de la denominada Edad de Plata de las letras y ciencias españolas) y políticas (la represión en la retaguardia de ambas zonas – mantenida por los vencedores con mayor o menor intensidad durante todo el franquismo – y el exilio republicano), y que se perpetuaron mucho más allá de la prolongada posguerra, incluyendo la excepcionalidad geopolítica del mantenimiento del régimem de Franco hasta 1975.

Sacado de: <http://es.wikipedia.org/wiki/Guerra_Civil_Espa%C3%B1ola>. Acceso el 5 de agosto de 2011.

3. El lado peligroso de Wiki es que muchas informaciones pueden estar equivocadas. Por eso, al buscar en Wikipedia hay que verificar los datos en otras fuentes de consulta. Vete al sitio redescolar.mx y busca más informaciones sobre la Guerra Civil Española: sus hechos y fechas más significativas.

Taller de escritura

Ahora, ¡a determinar la configuración que se va a usar para la línea del tiempo! ¡Y a escribirla! La producción va a ser conjunta. Se puede hacer la línea del tiempo en el ordenador o en un cartel.

¡No te olvides de ilustrarla y contextualizarla bien!

Sigue el paso a paso explicado en la sección "Conociendo el género" y utiliza las informaciones de la sección "Planeando las ideas".

Al final, vamos a leer entre todos la línea del tiempo producida y reflexionar: ¿Qué importancia tuvo la Guerra Civil Española para la historia mundial?

(Re)escritura

Ahora que ya está lista la producción, vuelve a tu línea del tiempo y observa si:
- las unidades de medida del tiempo (siglo, década, año, mes, días, etc.) están bien identificadas y si las divisiones están bien establecidas y puntuadas correctamente por fecha;
- las convenciones temporales (antes, ahora, en el momento, ayer, hoy, mañana, antiguo, moderno, nuevo) están correctas;
- la producción presenta organizadamente la sucesión de los acontecimientos en el orden cronológico en que se sucedieron;
- la línea permite visualizar con facilidad la duración de procesos y la cantidad de acontecimientos.

Vocabulario en contexto

Existen varias formas y tipos de gobierno. En España, entre los años de 1936 a 1939, en la Guerra Civil Española, vimos que hubo un conflicto de intereses ideológicos, en que unos (el bando de izquierda de la guerra) defendían la democracia, el socialismo, el comunismo o la anarquía y otros (el bando de derecha) defendían la dictadura, el fascismo o la monarquía. Lee el gráfico explicativo sobre las formas de gobierno, cuyas informaciones se sacaron de www.ats.edu.mx.

Luego, contesta: ¿cuál te parece la mejor forma de gobierno? ¿Por qué? ¿Cuál es la forma de gobierno en Brasil?

Formas de gobierno según Aristóteles

A los griegos se deben los primeros estudios importantes sobre el gobierno. Una de las más antiguas clasificaciones de los gobiernos es la que formuló Aristóteles hace 23 siglos, y no obstante los siglos transcurridos, dicha clasificación aún conserva el vigor que le otorgan los hechos.

Los gobiernos, según Aristóteles, se dividen en dos categorías que se distinguen, atendiendo el número de personas que ejercen el poder, y también por el interés de quienes ejercen el mandato.

Formas impuras: Tiranía, Oligarquía y Demagogia

La Tiranía es la forma impura parecida a la Monarquía, en cuanto que el poder lo ejerce una sola persona, pero el tirano no atiende al interés general, sino a su interés personal. La Oligarquía es el gobierno de un grupo pequeño, como la Aristocracia; solo que atiende el interés del grupo y no al interés general. La Demagogia, parece democracia; es el gobierno de la multitud, de la mayoría, sí; pero sin orden, sin justicia, sin ley, etc.

Formas puras: Monarquía, Aristocracia y Democracia

Las tres tienen en común la condición de que los poseedores del poder gobiernan para el interés general, para el bien de todos. Si el poder político residía en una sola persona, que gobernaba atendiendo el interés general, era una monarquía. Cuando un grupo pequeño; es decir, una minoría rige el Estado, atendiendo también el interés general, era una aristocracia. Si el poder correspondía, directamente o por delegación, al conjunto de ciudadanos, el gobierno era democrático. Cualquiera de estas tres formas se consideraba aceptable, siempre que los gobernantes obedecieran las leyes y atendieran al interés colectivo.

Otras formas de gobierno

- **Teocrático**: cuando el Estado es gobernado por los sacerdotes o por la iglesia; denominado Teocracia.
- **Dictadura**: sistema de gobierno, en el que una sola persona o un pequeño grupo de personas tienen autoridad completa sobre la vida de todos los demás, en un país determinado. En la dictadura, los derechos y las libertades están limitados o no existen; las dictaduras solo desaparecen por medio de la revolución.

Escucha

¿Qué voy a escuchar?

Género textual
- Documental

Objetivo de escucha
- Conocer otra versión de la Historia.

Tema
- Dibujos sobre la Guerra Civil Española

Vamos a escuchar un fragmento del documental de TVE, titulado "La guerra dibujada", producido en 2003 con dirección y guion de Xavier Cortés y Amanda Gascó. Antes, vamos a pensar y contestar oralmente:

1. ¿Qué puede significar el título "La guerra dibujada"?

   _____
   _____
   _____
   _____
   _____

2. Mira la contratapa del DVD del documental. ¿Qué imágenes hay?

   _____
   _____

Escuchando la diversidad de voces

1. 🎧 20 ¡A escuchar el documental de TVE "La guerra dibujada"!

   a) ¿Por qué el documental se llama "La guerra dibujada"? ¿Quiénes la dibujaron?

   _____

   b) ¿En qué estación del año de 1936 empezó la Guerra Civil Española?

   ( ) Verano.   ( ) Invierno.

   ( ) Otoño.   ( ) Primavera.

ciento cuarenta y cinco 145

2. 🎧 20 Ahora, vamos a escuchar el documental dos veces más. Acompaña la transcripción de la narrativa. Vas a completar los espacios con las palabras que faltan.

La guerra dibujada

Cuando empieza una guerra, el juego se paraliza y a partir de ese momento los niños están destinados a ser víctimas y espectadores del conflicto.

_____ el verano de 1936 y _____ de comenzar la Guerra Civil Española, uno de los episodios más dramáticos de la historia reciente de España. La historia suele contarse desde el punto de vista de los adultos, pero, ¿qué ocurre si a los niños se les da la oportunidad de contar lo que han visto?

Los niños españoles _____ la oportunidad de dar su versión de los hechos y el resultado _____ una visión excepcional y jamás vista del conflicto. Solo _____ un trozo de papel y unos lápices para convertir a la Guerra Civil Española en la primera guerra dibujada.

Seguramente, los autores de aquellos dibujos no _____ que _____ creando un legado histórico que _____ intacto hasta nuestros días, conservado en archivos y bibliotecas de todo el mundo. Pero, ¿cuáles _____ los motivos que _____ a los niños españoles a dibujar la guerra?

Sacado de: <www.rtve.es/alacarta/videos/televisión/guerra-dibujada/739295>. Acceso el 6 de febrero de 2012.

Comprendiendo la voz del otro

1. ¿Por qué a los dibujos se les consideran un gran legado histórico?
   _____
   _____

2. Según el audio, los niños fueron víctimas y espectadores del conflicto, que muchas veces no pueden dar su versión de los hechos ocurridos. ¿Por qué eso ocurre?
   _____
   _____

3. ¿En tu opinión, cuáles fueron los motivos que llevaron a los niños a dibujar la guerra?
   _____
   _____

Gramática en uso

1. Has completado el texto con verbos que expresan acciones:
   ( ) futuras.   ( ) pasadas.   ( ) presentes.

2. Observa los siguientes pasajes:
   I. "**Era** el verano de 1936 y **acababa** de comenzar la Guerra Civil Española, uno de los episodios más dramáticos de la historia reciente de España."
   II. "Seguramente, los autores de aquellos dibujos no **imaginaban** que **estaban** creando un legado histórico…"

   a) ¿En qué tiempo verbal están los verbos destacados?
   _____

   b) ¿Qué acciones expresan en ese contexto?
   _____

3. Ahora, observa otros pasajes del texto:
   I. "Los niños españoles **tuvieron** la oportunidad de dar su versión de los hechos y el resultado **fue** una visión excepcional y jamás vista del conflicto. Solo **necesitaron** un trozo de papel y unos lápices…"
   II. "Pero, ¿cuáles **fueron** los motivos que impulsaron a los niños españoles a dibujar la guerra?"

   a) ¿En qué tiempo verbal están los verbos destacados?
   _____

   b) ¿Qué acciones expresan en ese contexto?
   _____
   _____

4. Y en la frase a continuación, ¿por qué se usó el verbo en pretérito perfecto?
   "…un legado histórico que **ha permanecido** intacto hasta nuestros días…"
   _____

Oído perspicaz: el español suena de maneras diferentes

La letra ñ (eñe)

Observa:

"Los ni**ñ**os espa**ñ**oles tuvieron…"

La letra **eñe** (**ñ**) es exclusiva de la lengua española. Ningún otro alfabeto la tiene. Por eso se ha convertido en un verdadero símbolo de hispanidad. El Instituto Cervantes, que tiene la misión de difundir la lengua y cultura española por todo el mundo tiene la letra **ñ** como señal de identidad. Hace año que se logró que los tableros de las computadoras, al menos de las que se venden en el mundo hispánico, tuvieran una tecla para la letra **ñ**.

El que otras lenguas no tengan la letra **ñ** no quiere decir que muchas de ellas carezcan del fonema o sonido que representa en español. Lo que sucede es que ese sonido se representa con otro símbolo, con otra letra o con otra combinación de letras. La **ñ** española representa un fonema o sonido **palatal** (la lengua se apoya en el paladar) **nasal** (el aire que proviene de los pulmones no se expulsa por la cavidad bucal sino por la nariz). El portugués, como el español, tiene este sonido consonántico palatal nasal. Lo representa con el dígrafo (dos letras) **nh**, como puede verse en las siguientes palabras: *desenho*, *ferrenho*, *ganhar*, *moinho*.

🎧 **21** La **eñe** forma parte de las siguientes palabras españolas. Escúchalas y repite: niño, español, maña, moño.

Vocabulario en contexto

1. En el audio, se dice qué instrumentos los niños usaron para dibujar la guerra. Señálalos:

2. ¿Cuáles son los nombres de los objetos de la cuestión anterior?

3. ¿Qué otros objetos usamos para hacer trabajos manuales? Elige cuatro, nómbralos y busca imágenes para pegar en tu cuaderno.

El español alrededor del mundo

- El lugar donde toman clases los estudiantes se llama en muchas partes **aula**. **Salón** (de clase) predomina en México, Argentina, Uruguay, Puerto Rico. **Sala** se prefiere en Chile.
- Lo que en España se llama **encerado** o **pizarra** suele llamarse **pizarrón** en varias zonas americanas.
- A la **tiza** (voz de origen náhuatl), que sirve para escribir en el pizarrón, se llama **gis** en México y **yeso**, en regiones centroamericanas.
- La cartera para libros y cuadernos de la escuela se llama **cartera** en España y varios países americanos; **mochila**, en México; **bolsón** en regiones centroamericanas y en Chile; **bulto**, en las Antillas; **carril**, en Ecuador; **valija**, en Argentina.
- El instrumento para escribir (que tiene en la punta una bolita metálica) tiene muchos nombres: **bolígrafo** (España, República Dominicana, Paraguay); **pluma atómica** (sólo en México); **lapicero** (algunos países centroamericanos, Cuba, Perú, Venezuela); **esferógrafo** o **esferográfica** (Colombia, Ecuador); **puntabola** (Bolivia); **lápiz de pasta** (Chile); **birome** (Argentina, Paraguay, Uruguay).

■ Habla

Lluvia de ideas

En varios países se crearon recientemente "bancos de memoria" en los cuales se guardan los relatos de personas que fueron testimonios de hechos históricos importantes. Estas narrativas forman parte de lo que se llama Historia Oral o Historia Viva y son importantes fuentes de investigación histórica.

Vamos a investigar los recuerdos de la niñez de nuestros abuelos o de otras personas mayores sobre hechos históricos importantes. Pero antes, vamos a planear la entrevista. Luego, contaremos lo que los entrevistados nos narraron a los compañeros de la sala.

Para la entrevista, es importante formular preguntas sobre:
- fecha y lugar de nacimiento;
- momentos históricos que han marcado la vida de la persona entrevistada;
- hechos memorables alegres y tristes de su niñez y adolescencia.

Género textual
- Entrevista y relato

Objetivo de habla
- Hablar del pasado, transmitir el testimonio del otro.

Tema
- Los recuerdos de la niñez y de la adolescencia

Tipo de producción
- Individual

Oyentes
- Los compañeros de clase

Rueda viva: comunicándose

Ahora vamos a relatar qué nos contaron los entrevistados a los compañeros de nuestra sala. Antes, podemos planear por escrito la ponencia.

En la unidad 4, has leído y escrito entrevistas y hemos estudiado ese género. Si tienes duda a la hora de preparar la entrevista, vuelve a esa unidad para ayudarte.

¡Ojo!

En tu relato usa las estructuras de pasado aprendidas.

¡A concluir!

Vamos a reflexionar entre todos:
- ¿Qué hechos históricos citaron los entrevistados?
- ¿Qué historia o historias te parecieron más interesantes?
- ¿Hubo algún relato triste? ¿Y feliz?

CULTURAS EN DIÁLOGO

nuestra cercanía

1. ¿Conoces a Federico García Lorca? Fue un poeta español que murió en la Guerra Civil Española defendiendo sus ideales de justicia social e igualdad de derechos. Lee este poema que él escribió para los niños.

Canción primaveral

I

Salen los niños alegres
De la escuela,
Poniendo en el aire tibio
Del abril, canciones tiernas.
¡Que alegría tiene el hondo
silencio de la calleja!
Un silencio hecho pedazos
por risas de plata nueva.

II

Voy camino de la tarde
Entre flores de la huerta,
Dejando sobre el camino
El agua de mi tristeza.
En el monte solitario
Un cementerio de aldea
Parece un campo sembrado
Con granos de calaveras.
Y han florecido cipreses
Como gigantes cabezas
Que con órbitas vacías
Y verdosas cabelleras
Pensativos y dolientes
El horizonte contemplan.
¡Abril divino, que vienes
Cargado de sol y esencias
Llena con nidos de oro
Las floridas calaveras!
Granada, 28 de marzo de 1919.

Federico García Lorca. *Federico García Lorca para niños.* Madrid: Susaeta, 2000.

Ahora reflexiona y contesta:

a) ¿Qué diferencia hay entre los sentimientos del "yo poético" y los sentimientos de los niños? Entresaca versos del poema que comprueben tus respuestas.

_____
_____
_____

b) ¿Qué relación hay entre el título y el poema?

_____
_____

A quien no lo sepa

Federico García Lorca nació en el pueblo de Fuentevaqueros en la provincia de Granada, en Andalucía, en el año 1898. Falleció el 19 de agosto de 1936, víctima de la Guerra Civil Española, por ser partidario del lado que defendía la república. Fue uno de los más grandes poetas y dramaturgos de la primera mitad del siglo XX.

c) ¿Qué elementos de la naturaleza aparecen en el poema? ¿Qué papel cumplen ellos?
_____

d) ¿Qué contrastes se describen?
_____
_____

e) ¿Qué desea el "yo lírico" en la estrofa final? ¿Qué interpretación puedes dar a ese deseo?
_____
_____

2. Mira las fotos de la muestra nombrada *Ausencias*: arte visual para comprender la desaparición forzada de personas durante la dictadura militar en Argentina del fotógrafo Gustavo Germano.

1970: Maria Irma Ferreira y Maria Susana Ferreira.

2006: Maria Susana Ferreira.

A quien no lo sepa

Ausencias es un proyecto expositivo que, partiendo de material fotográfico de álbumes familiares, muestra diecisiete casos a través de los cuales se pone rostro al universo de los que ya no están: trabajadores, militantes barriales, estudiantes, obreros, profesionales, familias enteras; ellas y ellos víctimas del plan sistemático de represión ilegal y desaparición forzada de personas, instaurado por la dictadura militar argentina, entre 1976 y 1983.

Esa exposición se podría hacer en varios otros países de América Latina, pues las dictaduras militares marcaron la historia de Brasil (1964-1985), Chile (1973-1989), Nicaragua (1967-1979), Perú (1968-1980), Uruguay (1973-1984), entre otros. Hasta hoy se hacen manifestaciones artísticas y políticas para que los latinoamericanos no se olviden de esa etapa histórica.

ciento cincuenta y uno **151**

CULTURAS EN DIÁLOGO

1975: Omar Darío Amestoy y Mario Alfredo Amestoy.

2006: Mario Alfredo Amestoy.

a) ¿Qué relación se establece entre las fotografías que se encuentran lado a lado? ¿Cuáles representan el pasado y cuáles el presente? ¿Qué elementos nos permiten identificar que se tratan de las mismas personas fotografiadas?

_____
_____
_____
_____

b) ¿Por qué la muestra fotográfica se llama *Ausencias*?

_____
_____
_____

c) ¡Sé crítico! Intenta relacionar el poema de Federico García Lorca, la muestra fotográfica de Gustavo Germano y las discusiones planteadas en esa unidad: ¿Qué conclusiones podemos sacar en cuanto a la historia traumática de guerras y dictaduras del siglo XX?

_____
_____
_____

¿LO SÉ TODO? (AUTOEVALUACIÓN)

Lectura	¿Qué significa la palabra "Guernica"?	¿Qué elementos del lienzo *Guernica* me llamaron más la atención?	¿Qué dicen los colores en las pinturas y dibujos?
Escritura	¿Qué es una línea del tiempo?	¿Qué elementos se necesitan en la línea del tiempo?	¿Sé explicar la Guerra Civil Española y sus sucesos en una línea del tiempo?
Escucha	¿Qué documental he visto sobre la guerra?	¿Por qué y para qué los niños han dibujado la guerra?	¿Sé pronunciar la letra **ñ** en español?
Habla	¿Qué hechos históricos me han contado las personas mayores?	¿Qué preguntas son necesarias para entrevistar a alguien sobre el pasado?	¿Qué he aprendido sobre las historias contadas por los compañeros de clase?
Gramática	¿Sé narrar hechos en pasado?	¿Sé diferenciar el pretérito imperfecto del pretérito indefinido?	¿Cuándo uso cada uno de esos tiempos verbales?
Vocabulario	¿Sé nombrar objetos que usamos para trabajos manuales?	¿Qué sistemas de gobierno conozco?	¿Qué palabras usé para escribir la línea del tiempo?
Cultura	¿Quiénes son Pablo Picasso y Federico García Lorca?	¿Qué obras de arte conozco?	¿Puedo interpretar una muestra fotográfica?
Reflexión	¿Por qué hay guerra en el mundo?	¿Qué puedo hacer en mi cotidiano para evitar conflictos en la escuela y en mi familia?	¿Cómo dibujo la guerra?

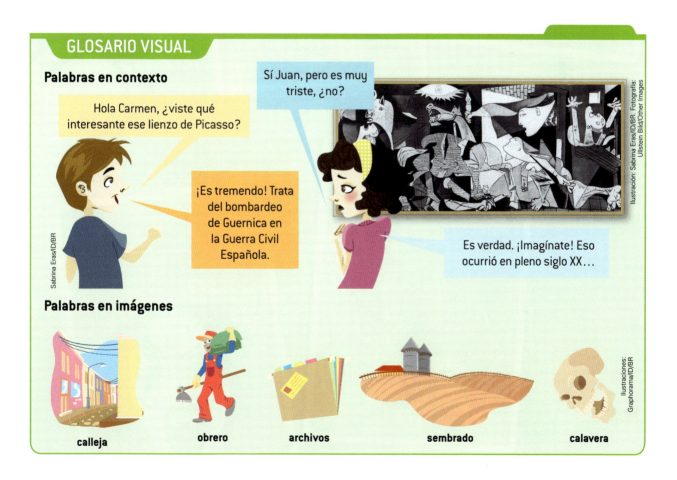

ciento cincuenta y tres **153**

8 Historias de terror y horror: ¿qué cosas me dan miedo?

En esta unidad...

... leeremos cuentos de terror y horror, aprenderemos más verbos en pasado y produciremos microcuentos orales y escritos. Además, sabremos los nombres de algunos animales que nos dan asco. Al final podremos contestar a las preguntas: ¿Me gustan esas historias de miedo? ¿Soy un amante de la literatura?

¡Para empezar!

1. ¿Te gusta ver, escuchar o contar historias de horror? ¿Tuviste alguna vez miedo al ver una película o leer un libro de terror? ¿Cuál?

2. En tu opinión, ¿por qué las personas se interesan por algo que les provoca miedo?

3. Mira las tapas de cómics, películas y libros de ese género que atrae a tantos lectores y espectadores fascinados por los escalofríos y contesta.
   a) ¿Qué elementos sobre el mundo de los vampiros se pueden visualizar por medio de esas tapas?
   b) ¿Conoces alguna de esas historias?
   c) ¿Cuál te gustaría ver o leer?

Transversalidad
Aquí el tema transversal es la cuestión de la visión de la muerte desde algunas culturas.

ciento cincuenta y cinco 155

Género textual
- Cuento

Objetivo de lectura
- Identificar el clímax de la historia.

Tema
- Terror

A quien no lo sepa

Los Reyes Magos (Baltasar, Melchor y Gaspar), según la tradición bíblica, vinieron de países distantes para visitar al Niño Jesús tras su nacimiento y brindarle regalos de gran riqueza simbólica: oro, incienso y mirra. Es por eso que el 6 de enero se abren los regalos que estaban guardados bajo el árbol de navidad.

Lectura

Almacén de ideas

1. ¿Qué es un cuento?

2. ¿Conoces algún cuento de terror?

3. Vas a leer un cuento que se titula "6 de enero". Por el título, ¿qué esperas leer en él? ¿Hay alguna conmemoración especial en esa fecha?

4. Lo que caracteriza al verdadero cuento de miedo es la aparición de un elemento sobrenatural e inexplicable. ¿Qué elementos sobrenaturales crees que pueden aparecer en el cuento que vas a leer?

Red(con)textual

Lee el cuento con atención y circula la parte en que crees que se da el clímax de la narrativa, o sea, el ápice de la historia.

6 de enero

Luis Bemer

¡Por fin había llegado el gran día! El pequeño Alex se despertó muy excitado, casi eufórico; durante todo el año había estado acumulando infinidad de deseos en su (desafortunadamente para sus padres) prodigiosa memoria. Las dos últimas semanas habían transcurrido para Alex en una atmósfera de creciente ansiedad, odiaba tener que esperar; y no cesaba de contar y recontar los días que faltaban para el cumplimiento de su sueño, marcándolos con su rotulador fosforescente en el torturado calendario de la salita de estar. Haciendo gala de una paciencia sobrehumana, su madre verificaba a cada momento la exactitud de sus precipitados cálculos, pero Alex nunca estaba conforme con aquellas respuestas. – El tiempo se ha dormido – pensaba.

La larga espera terminaría por la noche, cuando los misteriosos Reyes Magos dejaran junto al árbol de navidad sus sueños convertidos en maravillosas realidades. ¡Qué nervioso estaba!

Siempre le habían dicho que debía ser muy bueno y obediente si quería que los Reyes

156 ciento cincuenta y seis

cumpliesen sus deseos, o de lo contrario sólo le traerían carbón. Lo cierto es que Alex nunca había visto carbón, y hasta sentía cierta curiosidad por manipular aquello que tan malo debía ser, ¡pero no hasta el punto de intercambiarlo por sus preciados juguetes! Hizo memoria sobre su comportamiento durante el pasado año, y no recordó haber hecho nada malo (aunque su hermana mayor sí guardaba bastantes evidencias en contra de su inocente benevolencia).

Al atardecer, su padre le invitó a dar un paseo por las concurridas calles de la ciudad (con la esperanza de que la fatiga facilitaría al pequeño conciliar el sueño). Hacía mucho frío y la oscuridad cubría ya el cielo; Alex caminaba de la mano de su padre contemplando el movimiento de la ciudad por el estrecho espacio que quedaba entre la capucha de su abrigo y su repudiada bufanda roja. Le encantaba esta época del año, las calles brillaban con luces de innumerables colores en contraste con el negro vacío de la noche; la atmósfera transmitía una impresión especial, extraña, una esencia oculta que solamente es visible, en determinados momentos, a los ojos que aún conservan la inocencia.

Tras un largo paseo, volvieron a casa. Al entrar, un delicioso aroma salió a recibirles. Su madre estaba en la cocina preparando la cena.

Podéis sentaros, vamos a cenar pronto – dijo dirigiéndole a Alex una cristalina sonrisa.

Esa sonrisa, y la enorme mano de su padre cobijando la suya cuando paseaban, hacían que se sintiese el niño más protegido del mundo; nada podría hacerle daño, nada en absoluto.

Alex fue el primero en terminar con su cena ante la comprensiva mirada de sus padres ¡parece su última noche en la Tierra! – rió su hermana. Poco después, Alex se metió en la cama, que descanses, cariño susurró su madre mientras apagaba la luz. Pronto cayó rendido en un sueño intranquilo.

Alex abrió los ojos. Todo estaba a oscuras y en silencio. Aún no había amanecido y sabía que no debía levantarse, pero ¡necesitaba saber si los juguetes habían llegado ya! Tan sigilosamente como pudo, Alex salió de su habitación. Por la puerta entreabierta del salón surgía un pálido haz de luz amarillenta. Dentro, la voz de sus padres era un débil e inconexo murmullo, apenas audible.

Sus gruesos calcetines de lana amortiguaban el sonido de sus pisadas, así que, sin poder resistirse a la curiosidad, se acercó hasta el borde de la puerta para mirar al interior:

Dos enormes gusanos, de un blanco purulento, se encontraban junto al árbol de navidad, erguidos sobre sus hinchadas colas. Sus cuerpos giraron instantáneamente al sentir la mirada del pequeño, mostrando sus rostros deformados, aunque grotescamente reconocibles, a su hijo:

Nos has desobedecido, cariño – dijeron al unísono con gorgoteante voz gutural ¡NO DEBISTE HACERLO! ¡NO DEBISTE HACERLO! – chillaban mientras se abalanzaron girando en espiral sobre él.

Sacado de: <www.pasarmiedo.com/leer-relato.php?id=1218>. Acceso el 3 de agosto de 2011.

A quien no lo sepa

Luis Bermer es un escritor español especializado en cuentos de terror y de ciencia-ficción para todas las edades. Tiene varios blogs y participa de varios foros en internet.

Tejiendo la comprensión

1. Generalmente, un cuento se compone de tres partes básicas: la introducción o el planteamiento, el desarrollo o el nudo y el desenlace o el final. Entre el nudo y el desenlace, nace el clímax o el ápice de la historia, que es una alteración en los hechos responsable por cambiar la historia y encaminarla a su final. Teniendo en cuenta estas informaciones, contesta: ¿Cuál es el clímax de la historia?
   _____
   _____
   _____

2. Al final del cuento, ¿qué pasó con Alex?
   _____
   _____

3. Teniendo en vista que este es un cuento de terror: ¿crees que el chico realmente vio a los padres cambiados en gusano? Explícalo con pros y contras.
   _____
   _____
   _____
   _____
   _____

4. ¿Qué es un gusano? Busca en el diccionario el significado de esta palabra.
   _____
   _____

5. ¿Te dan miedo o asco los gusanos? ¿Por qué?
   _____
   _____

6. ¿El desenlace de la historia te sorprendió? ¿Por qué?
   _____
   _____

7. Al final, ¿qué misterio el cuento deja en el aire sobre el comportamiento anterior del niño?
   _____
   _____
   _____

8. Vuelve al cuento e identifica elementos o partes de cuento que provocan suspense, miedo y asco.
   _____
   _____
   _____
   _____

Vocabulario en contexto

En muchas historias de terror, aparecen insectos u otros animales con el objetivo de provocar miedo, repulsión y asco. ¿Qué bichitos te dan asco? Intenta relacionar los nombres del recuadro a las imágenes a continuación. Si tienes dudas, consulta el diccionario.

mosca   gusano   araña   serpiente   rata
murciélago   babosa   cucaracha   lombriz
escorpión o alacrán   sapo   lagartija

Gramática en uso

El pretérito pluscuamperfecto

1. Fija la atención en los verbos señalados en el enunciado a continuación y contesta: ¿cuál expresa el pasado más reciente y cuál muestra el pasado más antiguo?

   > "El pequeño Alex **se despertó** muy excitado, casi eufórico; durante todo el año **había estado** acumulando infinidad de deseos"

   _____
   _____

2. Lee los siguientes enunciados sacados del cuento "6 de enero", poniendo atención en los verbos señalados:

   > "¡Por fin **había llegado** el gran día!"

   > "Lo cierto es que Alex nunca **había visto** carbón"

   > "Aún no **había amanecido** y sabía que no debía levantarse"

   > "¡necesitaba saber si los juguetes **habían llegado** ya!"

   a) ¿Por qué ese tiempo verbal aparece con frecuencia en el cuento?
   _____
   _____
   _____

   b) Los verbos destacados están en **pretérito pluscuamperfecto**. Vuelve a leer los enunciados y contesta: ¿cómo se forma ese pasado? ¿Es simple o compuesto?
   _____
   _____

3. Ahora, mira la regla de formación del pretérito pluscuamperfecto (imperfecto de haber + participio pasado):

Yo	había		
Tú / Vos	habías		
Ella / Él / Usted	había	+	hablado/comido/vivido
Nosotros(as)	habíamos		
Vosotros(as)	habíais		
Ellos / Ellas / Ustedes	habían		

El pretérito pluscuamperfecto expresa una acción iniciada con anterioridad a otro pasado y se usa con marcadores temporales tales como "el año pasado", "aquella semana", "ese mes", etc.

Mira otros ejemplos:

Ella ya **había hecho** la tarea de casa, cuando su madre llegó.

(hecho pasado más antiguo)   (hecho pasado más reciente)

Los estudiantes estudiaron para el examen porque ellos **habían perdido** muchas clases.

(hecho pasado más reciente)   (hecho pasado más antiguo)

Rellena los enunciados con el **pluscuamperfecto**:

a) Yolanda dijo que _____ el cuento, pero no lo creo. Cuando ella se fue de mi casa, todavía no _____ ninguna frase.

b) Hoy no es un buen día para Marcos. Él se quejó de que _____ poco y que cuando se levantó, ya _____ la hora de irse a la escuela. Además, vino a pie, pues _____ el autobús.

Véase también el **objeto educacional digital** "La maldición de Retrasadis".

4. Completa las frases usando el **pluscuamperfecto** según el contexto y tu imaginación:
Ejemplo: Cuando Elena llegó, ya **se había ido** su abuela.

a) Cuando llegó la policía, _____
_____.

b) Cuando entré en la fiesta, me di cuenta de que _____
_____.

c) Cuando entramos en el cine, _____
_____.

d) Cuando me fui a despedir de Ramón, _____
_____.

Género textual
- Microcuento

Objetivo de escritura
- Narrar una historia de terror.

Tema
- Miedo

Tipo de producción
- Individual

Lectores
- Evaluadores del concurso de microcuento

Escritura

Conociendo el género

1. Observa el afiche del III Encuentro Chileno de Minificción:

Sacado de: <http://i763.photobucket.com/albums/xx274/LetrasdeChile/seabreveiii.png>.
Acceso el 8 de julio de 2011.

En ese encuentro de minificción, se reúnen escritores con el fin de reflexionar sobre la literatura. En este caso, el nombre del evento es "Sea breve, por favor". Imagínate en la sala Rubén Darío, en Valparaíso, Chile, en los días de ese evento. ¿Qué género literario esperas leer?

_____
_____

2. Muchos escritores participan de esos encuentros de minificción. Lee dos microcuentos de autores chilenos que escriben en esa área de la literatura. El primero se intitula "Romántico", de Patricio Zulueta; el segundo, "Confesión", de Marcelo Beltrand Opazo:

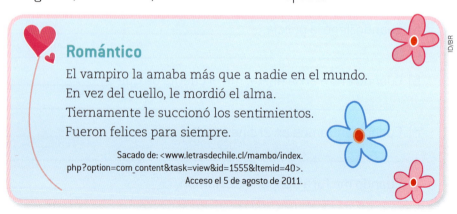

Romántico

El vampiro la amaba más que a nadie en el mundo.
En vez del cuello, le mordió el alma.
Tiernamente le succionó los sentimientos.
Fueron felices para siempre.

Sacado de: <www.letrasdechile.cl/mambo/index.php?option=com_content&task=view&id=1555&Itemid=40>.
Acceso el 5 de agosto de 2011.

162 ciento sesenta y dos

Confesión

Prácticamente lo había visto todo, menos a él mismo, se confesó el Vampiro frente al espejo.

Sacado de: <www.letrasdechile.cl/mambo/index.php?option=com_content&task=view&id=1762&Itemid=46>. Acceso el 5 de agosto de 2011.

Marca la opción que para ti mejor define el género literario minificción o microcuento:

( ) Narrativa literaria corta cuya principal característica es la brevedad de su contenido.

( ) Narrativa literaria larga cuya principal característica es la extensión de su contenido.

3. Una de las características de un microcuento es producir el impacto en el lector sea para la producción de humor, drama, miedo y otros sentimientos, sea para la reflexión.

¡A pensar en los personajes!

a) ¿Cuál es el personaje principal de los dos microcuentos leídos?
_____

b) En algún momento de la historia, ¿se describe a ese personaje? ¿Se informa, por ejemplo, qué ropas lleva o sus características físicas? ¿Por qué crees que eso ocurre?
_____
_____
_____

4. ¡A reflexionar sobre el espacio!

a) En los dos microcuentos, el espacio no está bien definido. ¿Qué sentido provoca esa falta de definición?
_____
_____

b) ¿Dónde imaginas que pasan esas dos historias?
- Romántico: _____ .
- Confesión: _____ .

5. ¡A observar las escojas lingüísticas y los tiempos verbales!

a) En los microcuentos, lo que más importa es la acción. A partir de esa afirmación y observando los microcuentos "Romántico" y "Confesión", ¿qué clase de palabras es más recurrente? Marca la respuesta correcta:

( ) los adjetivos   ( ) los verbos
( ) los numerales   ( ) los sustantivos

A quien no lo sepa

¿Sabías que el escritor guatemalteco Augusto Monterroso escribió el microcuento más famoso del mundo? Disfrútalo en tu lectura:

Cuando despertó, el dinosaurio todavía estaba allí.

Augusto Moterroso. *Cuentos, fábulas y lo demás es silencio.* México: Alfaguara, 1996. p. 69.

ciento sesenta y tres 163

b) Relee una vez más los dos microcuentos. ¿Qué tiempo verbal se usa más? ¿Por qué crees que eso ocurre?

_____

_____

c) En la siguiente tabla, localiza los verbos de los microcuentos y escríbelos en la columna adecuada:

Pretérito indefinido	Pretérito imperfecto	Pretérito pluscuamperfecto

Planeando las ideas

1. Observa bien los objetos a continuación, pues con eso se ampliará tu vocabulario para la producción del microcuento. Según tus conocimientos previos, contesta:

a) ¿A qué tipo de cuentos literarios se relacionan esos objetos?

_____

b) ¿Qué tipo de monstruo se siente amenazado por esos objetos?

_____

2. Completa el crucigrama, observando las imágenes. Las palabras te van a ayudar a componer tu microcuento:

Taller de escritura

Vas a escribir un microcuento de terror sobre los vampiros. En tu clase habrá un concurso y todos votarán en la mejor narrativa. Los tres mejores microcuentos pueden publicarse en el sitio electrónico de la escuela o en el *blog* de la clase.

_____
_____
_____
_____

(Re)escritura

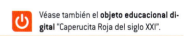

Véase también el **objeto educacional digital** "Caperucita Roja del siglo XXI".

Para rescribir tu microcuento, vuelve a tu texto y observa si:
- has narrado con los verbos en pasado. No te olvides de que hay diferencia de uso entre los pretéritos perfecto, imperfecto, pluscuamperfecto e indefinido;
- has eliminado las descripciones del espacio y de los personajes. Has visto que una de las características de los microcuentos es la economía en las palabras. Lo que importa más es la acción verbal;
- has usado palabras relacionadas al miedo, terror y horror, ya que tu microcuento es sobre los chupadores de sangre.

ciento sesenta y cinco **165**

Género textual
- Recuento de historias de misterio

Objetivo de habla
- Hacer un microrrelato oral.

Tema
- Historias de miedo de la tradición oral

Tipo de producción
- Individual

Oyentes
- Compañeros de clase

Habla

Lluvia de ideas

Vas a hacer un microrrelato de terror oral para tus compañeros de clase. Pero antes, a trabajar las ideas.

🎧 22 **Primer paso:** Escucha los microcuentos del escritor argentino Enrique Anderson Imbert. Destaca los elementos que pueden causar miedo o asco, sorpresa y provocar suspense. Fíjate en la entonación y en la brevedad de los minicuentos. Después, léelos en voz alta.

LA ARAÑA

Sentía algo en mi mano, miré y era una araña.

Fui a decirle: – ¿qué haces aquí?

Pero la araña se me adelantó y me dijo: –¿qué haces aquí?

Entonces fui a decirle: "No quisiera molestarte, pero este es mi mundo, y debes irte".

Otra vez la araña se me adelantó y dijo:

– No quisiera molestarte, pero este es mi mundo y debes irte.

Comprendí que así era imposible dialogar. Le dejé la mano y me fui.

Enrique Anderson-Imbert. *El grimorio*. Buenos Aires: Editorial Losada, 1961.

TABÚ

El ángel de la guardia le susurra a Fabián, por detrás del hombro:

–¡Cuidado, Fabián! Está dispuesto que mueras en cuanto pronuncies la palabra zangolotino.

–¿Zangolotino? – pregunta Fabián azorado.

Y muere.

Enrique Anderson-Imbert. *El grimorio*. Buenos Aires: Editorial Losada, 1961.

Segundo paso: En la tradición oral, se cuentan historias fantásticas que son difíciles de explicar. Investiga en casa, charla con tus familiares y amigos de la vecindad sobre estas historias.

Tercer paso: Anota el relato que te pareció más interesante y resúmelo, eliminando las descripciones del espacio y de los personajes y dejando solamente la acción verbal.

Cuarto paso: Vas a ser un contador de historias. Es interesante saber tu microrrelato de memoria. En caso de que no logres grabarlo, ten un papel en la mano a la hora de contárselo.

¡Ojo!

A la hora de contar tu mini historia de terror, recuerda los momentos en que debes silenciar o hablar más alto alguna palabra para causar suspense o miedo en los espectadores. Además, entrena tu pronunciación.

Rueda viva: comunicándose

Ahora, ¡a contar el cuento! Cada uno de la clase debe narrarles el microrrelato de terror que ha producido a los compañeros de la clase. ¡A escuchar y a fijar la atención al minicuento del otro!

¡A concluir!

Entre todos, a comentar: ¿cuál fue el mejor microrrelato de terror de la clase? ¿Cuál produjo más suspense? ¿Cuál dio más miedo? ¿Cuál causó más asco?

Escucha

¿Qué voy a escuchar?

Género textual
- Historia de terror

Objetivo de escucha
- Hacer hipótesis sobre el audiocuento.

Tema
- Cuento de terror

Vas a escuchar un cuento del programa "La mano peluda", conducido por Juan Ramón Sáenz, en la radio "El Universal", en México. En entrevista, ese locutor contestó que el nombre del programa le vino a la memoria a través de una frase que su abuelo le decía: "Si no te portas bien te va a salir una mano peluda". ¡A pensar en esa expresión "mano peluda"!

1. ¿Qué significa su uso en la frase del abuelo?
   _____

2. ¿Qué crees que se oirá en la radio a las diez de la noche, horario del programa?
   _____
   _____

Escuchando la diversidad de voces

🎧 23 La clase se organizará en cinco grupos. ¡Al juego de las hipótesis! Tu profesora va a parar el audiocuento en cuatro partes predeterminadas y cada grupo deberá contestar una opción de respuesta. El equipo que conteste correctamente a más preguntas gana.

Vocabulario de apoyo
Cobija: espacio que abriga.
Rasgos: características.

1. A causa de la lluvia, el hijo tomó refugio debajo de una cobija. ¿Quién crees que se encontraba allí?
   - ( ) Una niña misteriosa.
   - ( ) Un perro peludo.
   - ( ) Un pájaro hablador.

2. ¿Qué secreto crees que escuchará Gabriel?
   - ( ) Él se transformará en murciélago.
   - ( ) Él matará a su madre.
   - ( ) Él verá a la muerte.

3. ¿Por qué crees que la señora le suplica a Gabriel más respeto?
   - ( ) Su hija es ciega.
   - ( ) Su hija es sordomuda.
   - ( ) Su hija es loca.

4. ¿Qué crees que le ocurre a Gabriel cuando cruza rápidamente la calle?
   - ( ) Un camión lo atropella.
   - ( ) Un auto lo atropella.
   - ( ) Un autobús lo atropella.

ciento sesenta y siete 167

Comprendiendo la voz del otro

1. ¿Por qué la madre del adolescente le suplica que no salga de casa?
   _____
   _____
   _____

2. ¿Qué aviso le da la niña misteriosa al adolescente?
   _____
   _____
   _____

3. ¿Qué papel cumple la música de fondo y los sonidos en el cuento?
   _____
   _____

4. ¿Cuáles son los hechos misteriosos e inexplicables de ese cuento?
   _____
   _____
   _____
   _____

5. Identifica el clímax del audiocuento: ¿cómo es la música en ese momento?
   _____
   _____

6. ¿Crees que Gabriel debería haber desobedecido a su madre? ¿Por qué? Si fueras Gabriel, ¿saldrías a la calle por la noche y con lluvia?
   _____
   _____
   _____

Oído perspicaz: el español suena de maneras diferentes

Pronunciación de la letra *y* (ye)

La **y** puede representar, según su posición en la palabra, ya sea una consonante, ya sea una vocal.

- Cuando aparece en el final de una palabra (**hoy**, **muy**, **rey**, **soy**…), está representando una vocal y se pronuncia como una **i**.
- Cuando la letra **y** constituye por sí sola una palabra, es una conjunción copulativa ("El presentimiento de una madre **y** las palabras sobrenaturales…").
- Cuando la letra **y** se halla en el principio o en medio de una palabra (**yo**, **ayunar**, **yeso**, **ayer**…), está representando una consonante. En este caso la pronunciación varía de acuerdo a la región. ¿Te acuerdas? ¿De qué maneras puedes pronunciar la palabra **desayunar**?

CULTURAS EN DIÁLOGO

nuestra cercanía

1. El objeto principal de las historias de terror es lo sobrenatural, esto es, la vida posmuerte. ¿Qué sabes sobre la representación de la muerte en diferentes culturas?
   _____
   _____

2. En Brasil se celebra el Día de los Finados (2 de noviembre); en Estados Unidos, el Halloween (31 de octubre) y en México, el Día de los Muertos (1 y 2 de noviembre). Lee lo que dicen estas personas sobre las celebraciones.

"Para el habitante de Nueva York, París o Londres, la muerte es palabra que jamás se pronuncia porque quema los labios. El mexicano, en cambio, la frecuenta, la burla, la acaricia, duerme con ella, la festeja, es uno de sus juguetes favoritos y su amor más permanente. Cierto, en su actitud hay quizá tanto miedo como en la de los otros; mas al menos no se esconde ni la esconde; la contempla cara a cara con paciencia, desdén o ironía." *Octavio Paz*

Sacado de: <www.revistaideele.com/idl/node/754>. Acceso el 4 de agosto de 2011.

"Cuando me mudé por primera vez a México, tenía 9 años. Antes había vivido en Rockville Maryland, un típico suburbio estadounidense. Amaba Halloween: no puedo enfatizar con qué ansia esperaba su llegada cada año. Los disfraces, el pedir dulces (*trick or treating*), los colores, una cierta armonía y, por supuesto, quedarse despierta hasta después de las 11 de la noche, le daban un significado especial. Mi primer octubre en México fue distinto: no había linternas de calabaza, cera de maíz dulce u hojas que caen, o, en todo caso, solo se encontraban en supermercados como Costco o Sam's Club. No: Halloween no moraba acá, solo visitaba al extranjero nostálgico; pero descubrí algo muy diferente: el Día de los Muertos. (…) El Día de los Muertos no trata de brujas, duendes o muertos vivientes: trata simplemente sobre la muerte. Pero es una muerte personificada, una que interactúa con las personas, en vez de mantenerse omnipresente. En México incluso existe una Santa Muerte. Sus seguidores orgullosamente atienden a misas dedicadas a la Santa en su mismísima iglesia. No es que no le tengan miedo (al fin todos lo tenemos, es una preocupación humana natural), solo que ellos parecen aceptar la realidad inevitable. También les permite prolongar la sensación de cercanía con aquellos que ya no están. El Día de los Muertos permite que el proceso de "dejarlo ir" sea prolongado (a veces es más fácil si no tienes que decir adiós). (…)" *Hannah Thorne*

Sacado de: <www.revistaideele.com/idl/node/754>. Acceso el 4 de agosto de 2011.

"Se celebra el Día de los Muertos en México, en Latinoamérica y también en las comunidades hispanas en los Estados Unidos. En Brasil lo celebramos como Día de los Finados y vamos al cementerio llevarles flores y adornos a las tumbas de nuestros seres que ya fallecieron. En México esta fecha se celebra de manera distinta, con un tono más alegre y celebrando realmente la memoria de los muertos."

Sacado de: <www.ccbeusorocaba.com.br/blog/dica-cultural-espanhol-el-dia-de-los-muertos/>. Acceso el 4 de agosto de 2011.

ciento sesenta y nueve **169**

CULTURAS EN DIÁLOGO

Ahora, investiga en Internet y busca en los textos las siguientes informaciones:

Celebración	Día de los Finados	Halloween	Día de los Muertos
Fechas			
País			
Características principales			

3. La muerte forma parte de la condición humana. Genera sentimientos ambiguos tales como miedo, incertidumbre y admiración. Originó varios ritos y tradiciones ya sea para venerarla, espantarla e incluso para burlarse de ella. Mira los siguientes lienzos del pintor mexicano Diego Rivera (1886-1957) sobre el Día de los Muertos. Después contesta las preguntas.

Detalle del mural *Sueño de una tarde dominical en la Alameda Central*, 1947. Fresco sobre tablero desmontable, 15 m × 4,8 m.

Día de muertos, 1944. Óleo sobre cartón, 73,5 cm × 91 cm.

a) ¿Qué es luto?
_____

b) ¿Hay maneras diferentes de sentir la muerte de alguien? En tu opinión, ¿por qué suele ser tan difícil tratar de ese tema?
_____
_____

c) ¿En qué se asemejan y se difieren esas dos representaciones del luto frente a la muerte?
_____
_____
_____

170 ciento setenta

¿LO SÉ TODO? (AUTOEVALUACIÓN)

Lectura	¿Qué elementos hay en los cuentos de terror?	¿Me gustan las historias de suspense?	¿Quién es Luis Bermer?
Escritura	¿Sé cómo escribir un minicuento?	¿De quién es el microcuento más famoso?	Tras escribir, ¿consulto en el diccionario las palabras de cuyo significado tengo dudas?
Escucha	¿Qué elementos me dan miedo a la hora de escuchar historias de horror?	¿Cómo se pronuncia la **y** en final de palabras?	¿Voy a escuchar más historias de terror en la Radio Universal?
Habla	¿Cómo cuento una historia de terror?	¿Qué historias de horror conozco?	¿Me gusta hacerle miedo a las personas con historias de suspense?
Gramática	¿Cuál es la estructura del pretérito pluscuamperfecto?	¿Sé cuándo usar los verbos en pluscuamperfecto?	¿Cuándo uso el indefinido y el pluscuamperfecto?
Vocabulario	¿Qué animales me dan asco?	¿Cuáles son las cosas que le hacen miedo al vampiro?	¿Quiénes son los Reyes Magos?
Cultura	¿Qué películas y libros de terror me gustan?	¿Cuándo se conmemora el Día de la Muerte en México?	¿Quién es Diego Rivera?
Reflexión	¿Cuál es mi entendimiento de la muerte?	¿Respeto las diferentes visiones sobre la muerte?	¿Respeto a las diversas culturas?

GLOSARIO VISUAL

Palabras en contexto

A muchas personas les encanta ver películas de horror. ¡A ver lo que dicen estas chicas!

Soy fan de las historias fantásticas. Tengo miedo pero no consigo parar de verlas. Siempre las alquilo en el videoclub cerca de mi casa.

Pues yo siempre veo las de vampiro. Así que llegan al cine me voy a verlas con toda mi familia.

Me fascinan los murciélagos, los gusanos, las cucarachas, los ratones, las arañas…

Palabras en imágenes

calabaza — maíz — carbón — bufanda

ciento setenta y uno 171

Repaso: ¡juguemos con el vocabulario y la gramática!

Unidades 7 y 8

En parejas

¡Al ahorcado con los objetos del aula! Elige la palabra y empieza el juego. ¡No te olvides! En el deletreo, las letras son femeninas: la A, la B, la C…

En tríos

¡A producir nuestro juego! Vas a copiar las tarjetas a continuación en papel cartón. Después, recórtalas con las tijeras y ponlas boca abajo. Luego, hay que barajar el juego. Cada alumno saca una tarjeta y tiene que cumplir la tarea indicada. El que la acierta se queda con la tarjeta. Si no la acierta, hay que poner la tarjeta nuevamente boca abajo y barajar el juego. Gana el que tenga más tarjetas en la mano al final del juego.

¿Te acuerdas de las formas de gobierno?
Di el nombre de tres.

¿Te gustan las pinturas? Responde…
¿Quién es Pablo Picasso y qué gran obra hizo?

¿Has estudiado la Guerra Civil Española?
¿Qué significa la palabra Guernica?

¿Te acuerdas de las estaciones del año?
Son…

¿Has estudiado cómo se pronuncian palabras escritas con la **ñ**?
A pronunciar: niño, año, sueño, porteña.

¿Has estudiado la **y**?
Acuérdate de palabras que la usan y di por lo menos 3.

¿Les tienes asco a esos animales?
Di en voz alta sus nombres.

¿Has visto alguna película con vampiros?
A decir el nombre de los elementos que lo destruyen.

¿Sabes conjugar los verbos en pretérito pluscuamperfecto?
Di en voz alta este enunciado con la conjugación correcta:
"Nosotros ya _____ (terminar) todo el trabajo cuando llegaron ellos."

172 ciento setenta y dos

En grupos

¡A volver al pasado! En este juego del tablero, volverás al pasado, sea para hablar de un pasado reciente o cercano (pretérito perfecto compuesto), sea para expresar un momento o fecha determinada (pretérito perfecto simple o indefinido), sea para hablar de cosas habituales en el pasado (pretérito imperfecto), sea para expresar acciones anteriores en el pasado (pretérito pluscuamperfecto).

Se decide en el dado, con el mayor número, quién empieza el juego. Ese estudiante tira el dado y avanza las casillas. Hay que cumplir con las tareas. Si no la cumple, deberá retroceder a la casilla que ocupaba anteriormente. La profesora será el árbitro.

En cada casilla hay un comienzo de historia. Hay que continuarla con por lo menos tres acciones más.

ciento setenta y tres 173

Chuleta lingüística: ¡no te van a pillar!

VERBOS DE RUTINA

- Algunos verbos pronominales para hablar de acciones habituales: levantar**se**, despertar**se**, cepillar**se**, bañar**se**, afeitar**se**, peinar**se**, duchar**se**, acostar**se**…

- Los verbos pronominales son aquellos que terminan con **-se**. La acción recae sobre el mismo sujeto que la ejecuta. Por eso se usan los pronombres que marcan la persona gramatical que practica la acción:

Pronombres \ Verbos	Levantarse	Acostarse
Yo	me levanto	me acuesto
Tú	te levantas	te acuestas
Vos	te levantás	te acostás
Él / Ella / Usted	se levanta	se acuesta
Nosotros (as)	nos levantamos	nos acostamos
Vosotros (as)	os levantáis	os acostáis
Ellos / Ellas / Ustedes	se levantan	se acuestan

LA HORA

- Para preguntar la hora:
  ¿Qué hora es?

- Para contestar la hora:

Es mediodía		
Es la una		
Son las dos, tres, cuatro	Y	cinco / diez / cuarto/quice / veinte / veinticinco / media/treinta / treinta y cinco / cuarenta / cuarenta y cinco / cincuenta / cincuenta y cinco

- Cuando se quiere decir la hora exacta, se puede usar la expresión: **en punto**: *Son las diez en punto.*

- En algunas regiones, cuando los minutos pasan de 30, se puede usar la expresión:
  Es la … menos … / Son las … menos …

Es la una menos veinte. / Son las tres menos cinco.

- Para preguntar a qué hora se hará algo:
  ¿A qué hora + verbo → ¿A qué hora te acostarás?

- Para contestar la hora:
  Verbo + a las… → **Me acostaré** a las…

- Expresiones con la hora aproximada:
  Alrededor de la(s)… / Hacia la(s)…
  Sobre la(s)… / A eso de la(s)…

ONOMATOPEYAS

- Las onomatopeyas son los vocablos que imitan el sonido de la cosa que se nombra. Se usan muchísimo en las historietas:
  LA-LA-LA (sonido de canción)
  ¡JE, JE, JE! (sonido de risa)
  ¡SHHHHHHHH! (sonido de silencio)
  ZAZ (sonido de acción rápida)

LOS NUMERALES ORDINALES

- Los numerales ordinales se usan para informar sobre el número de orden:

1º	primero	11º	undécimo	30º	trigésimo
2º	segundo	12º	duodécimo	40º	cuadragésimo
3º	tercero	13º	decimotercero	50º	quincuagésimo
4º	cuarto	14º	decimocuarto	60º	sexagésimo
5º	quinto	15º	decimoquinto	70º	septuagésimo
6º	sexto	16º	decimosexto	80º	octogésimo
7º	séptimo	17º	decimoséptimo	90º	nonagésimo
8º	octavo	18º	decimoctavo	100º	centésimo
9º	noveno	19º	decimonoveno	1 000º	milésimo
10º	décimo	20º	vigésimo	1 000 000º	millonésimo

- Los numerales **primero** y **tercero**, delante de sustantivos masculinos singular, se apocopan:
  Primer año / Tercer niño

- Para expresar posiciones finales, se usan las siguientes palabras:
  Antepenúltimo / Penúltimo / Último o postrero

LOS NUMERALES CARDINALES A PARTIR DEL 100

100	cien / ciento	1000	mil
200	doscientos	10 000	diez mil
300	trescientos	100 000	cien mil
400	cuatrocientos	1 000 000	un millón
500	quinientos	10 000 000	diez millones
600	seiscientos	100 000 000	cien millones
700	setecientos	1 000 000 000	mil millones
800	ochocientos	1 000 000 000 000	un billón
900	novecientos	1 000 000 000 000 000	mil billones

- Mil millones corresponde, en portugués, a *um bilhão*.
- Un billón corresponde, en portugués, a *um trilhão*.

174 ciento setenta y cuatro

LOS ADJETIVOS

- Los adjetivos son palabras que acompañan los sustantivos calificándolos o determinándolos.
- Son variables en género (masculino y femenino) y en número (singular y plural).
- Se sustituye la vocal **-o** por **-a** para formar el femenino:

Masculino	Femenino
pequeño – lindo – malo	pequeña – linda – mala

- Cuando el adjetivo termina en consonante, se le añade **-a** para formar el femenino:

Masculino	Femenino
portugués	portuguesa
comprador	compradora
pequeñín	pequeñina

- Algunos adjetivos son invariables en género: joven, útil, inteligente, infeliz:

Un hombre joven. / Una mujer joven.
Un cuchillo útil. / Una herramienta útil.
Un estudiante inteligente. / Una estudiante inteligente.
Un chico infeliz. / Una chica infeliz.

- Para formar el plural de los adjetivos que terminan con vocal, se les añade la **-s**.
- Para formar el plural de los adjetivos que terminan con consonante, se les añade **-es**.
- Para formar el plural de los adjetivos que terminan con **-z**, se saca esa letra y se añade **-ces** a la palabra.
- Para formar el plural de adjetivos que finalizan con vocal acentuada (**í, ú**), se les añade **-es**:

Singular	Plural
elegante	elegantes
difícil	difíciles
feliz	felices
hindú	hindúes

- Los adjetivos compuestos siguen la misma regla: agridulce – agridulces; sordomudo – sordomudos.

LAS CONJUNCIONES FINALES

- Expresan el objetivo o la finalidad.
- Se usan en oraciones subordinadas.
- Para preguntar la finalidad de algo: ¿para qué…?

- Las más comunes son:
Para + sustantivo o infinitivo
Para que
A fin de que   + *verbo conjugado en subjuntivo*
Con el objetivo de que
Debido a que

LAS CONJUNCIONES CAUSALES

- Expresan el motivo, la causa.
- Se usan en oraciones subordinadas.
- Para preguntar la causa de algo: ¿por qué…?
- Las más comunes son:
Porque + verbo
Debido a que + verbo
- Para expresar la causa de algo bien aceptado, se usa: gracias a.
- Para expresar la causa de algo mal aceptado se usa: por culpa de.

LAS PREPOSICIONES

- Las preposiciones pueden indicar la localización.
Delante: indica la posición física:
*Te encuentro **delante** de la farmacia.*
En: indica el lugar:
*Nos vemos **en** el hotel.*

- Las preposiciones pueden indicar preferencia de cosas.
Ante: sitúa física o conceptualmente un elemento delante de otro:
Ante la muerte, uno reflexiona sobre la vida.

- Otras preposiciones:
a, bajo, con, durante, entre, excepto, mediante, para, por, salvo, según, sin, sobre, tras

- Esas preposiciones pueden juntarse a otras palabras. En la tabla a continuación se hace eso con las preposiciones **a**, **de**, **en**:

a la izquierda de	al lado de	detrás de	delante de
a la derecha de	enfrente de	al final de	en la esquina

- Todos esos grupos de palabras sirven para localizar algo o a alguien en el espacio.

LOS SIGNOS DE PUNTUACIÓN

– → las rayas sirven para intercalar comentarios y para introducir diálogos con el fin de cambiar el interlocutor;

: → los dos puntos sirven para enumerar e introducir una explicación, citas textuales y el habla de los personajes;

. → el punto final se usa para finalizar un texto y también delante de abreviaciones.

Chuleta lingüística: ¡no te van a pillar!

PERÍFRASIS DE FUTURO

- Una forma de expresar acciones futuras inmediatas es usar la perífrasis de futuro. Su forma se basa en:
*Verbo **ir** en presente de indicativo + preposición **a** + verbo en **infinitivo***

Pronombres	Verbo ir		
Yo	voy		
Tú / Vos	vas		
Él / Ella / Usted	va	a	verbo en infinitivo
Nosotros(as)	vamos		
Vosotros(as)	vais		
Ellos / Ellas / Ustedes	van		

LOS PRETÉRITOS DE INDICATIVO

Pretérito perfecto

- Expresa acciones realizadas en el pasado y que perduran en el presente.
- Expresa acciones pasadas que ocurren dentro de un marco temporal en el que el hablante se encuentra todavía.
- Algunos marcadores temporales:
Hoy / Esta mañana / Este mes / Este año / Este milenio / Este verano / Estas vacaciones / Esta semana / Este fin de semana.
- Se forma con la junción de dos verbos:
- verbo auxiliar **haber** + **participio pasado**

Haber		Participio pasado
Yo **he**		
Tú/Vos **has**		
Él/Ella/Usted **ha**	+	verbos de 1ª conjugación **-ado**
Nosotros(as) **hemos**		verbos de 2ª o 3ª conjugación **-ido**
Vosotros(as) **habéis**		
Ellos/Ellas/Ustedes **han**		

Participio pasado

- Para los verbos que terminan en **-ar** el participio pasado termina en **-ado**.
*Ejemplo: jug**ar** – jug**ado***
- Para los verbos terminados en **-er/-ir** el participio pasado termina en **-ido**.
*Ejemplos: com**er** – com**ido**
viv**ir** – viv**ido***
- Algunos participios pasados irregulares:
*escribir – escrito
morir – muerto
ver – visto
decir – dicho
hacer – hecho
volver – vuelto
poner – puesto
abrir – abierto
cubrir – cubierto
satisfacer – satisfecho*

Pretérito indefinido

- Expresa acciones realizadas y acabadas en el pasado sin tener relación con el presente.
- Se usa con marcadores temporales como: ayer / la semana pasada / el martes pasado / el año pasado / hace tres días / en 1975 / el 3 de mayo de 1950.
- Conjugación de los verbos regulares:

Pronombres \ Verbos	Amar	Comer	Vivir
Yo	am**é**	com**í**	viv**í**
Tú / Vos	am**aste**	com**iste**	viv**iste**
Él/Ella/Usted	am**ó**	com**ió**	viv**ió**
Nosotros(as)	am**amos**	com**imos**	viv**imos**
Vosotros(as)	am**asteis**	com**isteis**	viv**isteis**
Ellos/Ellas/Ustedes	am**aron**	com**ieron**	viv**ieron**

- Irregularidad en la 3ª persona de singular y plural:
*la **-e** pasa a **-i**; la **-o** pasa a **-u***

Pronombres \ Verbos	Conseguir	Morir
Yo	conseguí	morí
Tú / Vos	conseguiste	moriste
Él / Ella / Usted	consiguió	murió
Nosotros(as)	conseguimos	morimos
Vosotros(as)	conseguisteis	moristeis
Ellos / Ellas / Ustedes	consiguieron	murieron

- Irregularidad en la 3ª persona de singular y plural:
*Verbos que presentan una vocal antes de la terminación **-er**; **-ir**: uso de **-y***

Pronombres \ Verbos	Leer	Construir
Yo	leí	construí
Tú / Vos	leíste	construiste
Él / Ella / Usted	le**y**ó	constru**y**ó
Nosotros(as)	leímos	construimos
Vosotros(as)	leísteis	construisteis
Ellos / Ellas / Ustedes	le**y**eron	constru**y**eron

- Verbos totalmente irregulares:

Ser/Ir	Dar	Estar	Hacer	Decir	Poder	Poner
fui	di	estuve	hice	dije	pude	puse
fuiste	diste	estuviste	hiciste	dijiste	pudiste	pusiste
fue	dio	estuvo	hizo	dijo	pudo	puso
fuimos	dimos	estuvimos	hicimos	dijimos	pudimos	pusimos
fuisteis	disteis	estuvisteis	hicisteis	dijisteis	pudisteis	pusisteis
fueron	dieron	estuvieron	hicieron	dijeron	pudieron	pusieron

Querer	Saber	Traer	Caber	Venir	Tener
quise	supe	traje	cupe	vine	tuve
quisiste	supiste	trajiste	cupiste	viniste	tuviste
quiso	supo	trajo	cupo	vino	tuvo
quisimos	supimos	trajimos	cupimos	vinimos	tuvimos
quisisteis	supisteis	trajisteis	cupisteis	vinisteis	tuvisteis
quisieron	supieron	trajeron	cupieron	vinieron	tuvieron

Pretérito imperfecto

- Pretérito imperfecto expresa acciones repetidas, habituales y en desarrollo en el pasado.
- Su forma regular:

Infinitivo / Pronombres	Alcanzar	Querer	Seguir
Yo	alcanzaba	quería	seguía
Tú / Vos	alcanzabas	querías	seguías
Él / Ella / Usted	alcanzaba	quería	seguía
Nosotros (as)	alcanzábamos	queríamos	seguíamos
Vosotros (as)	alcanzabais	queríais	seguíais
Ellos / Ellas / Ustedes	alcanzaban	querían	seguían

- Los tres verbos irregulares son:

Infinitivo / Pronombres	Ser	Ir	Ver
Yo	era	iba	veía
Tú /Vos	eras	ibas	veías
Él / Ella / Usted	era	iba	veía
Nosotros(as)	éramos	íbamos	veíamos
Vosotros(as)	erais	ibais	veíais
Ellos / Ellas / Ustedes	eran	iban	veían

Pretérito pluscuamperfecto

- Expresa hechos o acciones pasadas anteriores a otros tiempos pasados.
- Se forma con la junción de dos verbos: *verbo auxiliar* **haber** + **participio pasado**

Haber
Yo **había**
Tú/Vos **habías**
Él/Ella/Usted **había**   +   verbos de 1ª conjugación **-ado**
Nosotros(as) **habíamos**   verbos de 2ª o 3ª conjugación **-ido**
Vosotros(as) **habíais**
Ellos/Ellas/Ustedes **habían**

Participio Pasado

¡Para ampliar!: ver, leer, oír y navegar...

Unidad 1 – Datos y testigos: ¿cómo organizo mis estudios?

Ver videos...

- **Entre los muros**, de Laurent Cantet. Francia, 2008.
  Una película que nos hace reflexionar sobre la educación. En una escuela de la periferia de Francia, un profesor tiene problemas para enseñarles a los alumnos la lengua francesa. El grupo tiene que aprender a convivir entre sí.
- **Habana Blues**, de Benito Sambrano. Cuba, 2005.
  Una película que nos cuenta la historia de Ruy y Tito y su sueño en convertirse en estrellas de la música. Pero para eso, habría que dejar Cuba. ¿Qué harán esos personajes?

Leer...

- **Trimestre maldito**, de Elvira Sancho y Jordi Suris. Barcelona: Difusión, 2011.
  Cinco amigos inseparables se aventuran en esas páginas: Laura, Sergio, Mónica, Guille y Marín. En una escuela sucesos inexplicables provocan el caos.
- **Guantanameras**, de Dolores Soler-Espiauba. Barcelona: Difusión, 1999.
  Lila y Priscila, dos gemelas que viven en La Habana y en Miami respectivamente, se reúnen en Guantánamo (Cuba) tras 18 años sin verse.

Oír canciones...

- **Mi rutina preferida**, de Miss Caffeina.
  La banda de *rock* española lanzó esta canción en su álbum de 2011 cuyo nombre es *Imposibilidad del fenómeno*. La rutina a que se refiere la canción es la de amar.
- **La rutina mata**, de Rubén Rada.
  La canción del cantante uruguayo está presente en el álbum *La terapia de murga*, de 1995, y trata de cómo la rutina puede destruir una relación amorosa.

Navegar en internet...

- <http://vimeo.com/958619>. Acceso el 8 de junio de 2011.
  En este sitio puedes ver un video sin sonido para describir la rutina de una persona.
- <www.ted.com/talks/lang/por_pt/chimamanda_adichie_the_danger_of_a_single_story.html>. Acceso el 9 de junio de 2011.
  En este sitio puedes ver un video sobre las historias de la nigeriana Chimamanda Adichie y su mirada sobre el continente africano.

Unidad 2 – Anuncio la moda: ¿cuál es mi tribu?

Ver videos...

- **Coco, de la rebeldía a la leyenda de Chanel**, de Anne Fontaine. Francia, 2009.
  Esta película cuenta la biografía de Coco Chanel: el amor, el abandono, el fracaso y el éxito. Conoce todo sobre uno de los nombres más celebres de la moda.
- **El diablo viste de Prada**, de David Frankel. EE.UU., 2006.
  Esta comedia es sobre el mundo de la moda, protagonizada por la brillante Meryl Streep. Cuenta la historia de una periodista que logra trabajar como asistente de Miranda Priestly, la exigente editora de una famosa revista.

Leer...

- **El baile de disfraces**, de Elena G. Hortelano. Madrid: Edelsa, 2009.
  Una historia corta y sencilla sobre la aventura de Ana y su familia cuando van a un baile de disfraces.
- **Gaturro: atrapado en mundo Gaturro**, de Nik. Buenos Aires: Ediciones De La Flor, 2011.
  Con este libro, te aventurarás en un mundo de Gaturro, ese personaje argentino de historietas cómicas y entretenidas.

Oír canciones...

- **Enamorado de la moda juvenil**, de Radio Futura.
  Esta canción, presente en el CD *Música moderna*, de 1980, simboliza la movida madrileña en la música española.
- **Antes muerta que sencilla**, de María Isabel.
  La canción, del CD *No me toques las palmas que me conozco*, de 2004, trata de la adicción a la belleza.

Navegar en internet...

- <www.ver-taal.com/voc_ropa1.htm>. Acceso el 5 de marzo de 2012.
  En este sitio tienes un juego de ropas, calzados, accesorios, telas y tejidos.
- <http://es.yupis.org/juegos-ropa/>. Acceso el 5 de marzo de 2012.
  Otro sitio con varios juegos de ropas y accesorios.

Unidad 3 – Programación y diversión: ¿a qué fiesta vamos?

Ver videos...

- **Plácido**, de Luis García Berlanga. España, 1961.
  Esta película antigua es un clásico en la historia del cine español. La historia ocurre en Nochebuena, en que la burguesía patrocina una subasta a la que acuden artistas de Madrid para invitar a cenar a un pobre en casa de cada familia de ricos. En medio de los preparativos, se encuentra Plácido. ¿Qué ocurrirá en esta película de costumbres?
- **Solo se vive una vez**, de Zoya Akhtar. India, 2011.
  La película narra la historia de unos amigos que se van juntos de viaje para solucionar algunos problemas de sus vidas. Los protagonistas recorren las fiestas más emblemáticas de España, entre ellas La Tomatina y San Fermín.

Leer...

- **Aires de fiesta: de fiesta en invierno**, de Clara Villanueva y Josefina Fernández. Barcelona: Difusión, 1995.
  Una periodista inglesa nos cuenta cómo se celebran tres fiestas o tradiciones españolas muy especiales: la Navidad, los carnavales de Cádiz y las Fallas de Valencia.
- **Aires de fiesta latina**, de Clara Villanueva. Barcelona: Difusión, 2007.
  Un viaje por diferentes países de Latinoamérica y sus fiestas: el carnaval de Humahuaca (Argentina) y en el de Santiago (Cuba), la noche de san Juan en Barlovento (Venezuela), el Festival de la leyenda vallenata (Colombia), la fiesta del Sol (Perú), las leyendas de moros y cristianos en Boaco (Nicaragua)...

Oír canciones...

- **Feliz cumpleaños**, de Nelly Furtado.
  La cantante canadiense compuso esta canción para su CD *Mi plan*, de 2009. La letra trata de un amor distante recordado en la soledad de un día de cumpleaños.
- **La vida es un carnaval**, de Celia Cruz.
  La cubana nos brinda una salsa con mucha alegría sobre la fiesta más divertida del mundo. Se la puede encontrar en el CD *Mi vida es cantar*, de 1998.

Navegar en internet...

- <www.encarnaval.com/>. Acceso el 5 de marzo de 2012.
- Para leer sobre el Carnaval en varios países del mundo.
- <www.fallas.com/>. Acceso el 5 de marzo de 2012.
  Un sitio dedicado a las Fallas valencianas, con fotos, textos y vídeos.

Unidad 4 – Entrevista en foco: ¿cómo cuidar la salud?

Ver videos...

- **Mestre Toni**, de IB3TV. España, 2011.
  Este documental es sobre Toni Nadal, tío de Rafael Nadal. A través de testimonios, se conoce la personalidad del entrenador del número 1 del tenis mundial.
- **Maratón**, de Carlos Saura. España, 1993.
  Muchas escenas cómicas en esta película oficial sobre los Juegos Olímpicos de Barcelona, de 1992, sin sonido, solo con imágenes encadenadas con una música al fondo.

Leer ...

- **La chica de Mar del Plata**, de Elvira Sancho y Jordi Surís. Barcelona: Difusión, 1995.
  En esta historia unos chicos de un instituto de Barcelona conocerán a una chica argentina misteriosa que parece estar en peligro. Todo eso cuando viajan a Argentina para jugar en un campeonato internacional de fútbol escolar.

- **Los deportes a lo loco**, de varios autores. Madrid: Ediciones SM, 2007.
  En este libro vas a conocer a Paco, un detective secreto que se infiltra como fotógrafo en competiciones deportivas. Su misión es encontrar los objetos que están fuera de lugar. Con esta historia, aprenderás sobre los deportes y te divertirás.

Oír canciones...

- **Waka Waka (Esto es África)**, de Shakira.
  Canción compuesta para el Mundial de 2010. Trata de la fuerza para seguir adelante en las "batallas". Aunque no sea la versión original, puedes encontrar esta canción en el CD *Sale el sol*, de 2010.
- **La canción del deporte**, de Francisco Lomuto y Antonio Botta.
  Es una antigua marcha (del año 1933) argentina que inspira a ir adelante para ser campeón.

Navegar en internet...

- <www.rtve.es/television/20101104/redes-deporte-para-cerebro-mas-sano/367461.shtml>. Acceso el 5 de marzo de 2012.
  Un video sobre la importancia del deporte para una buena salud del cerebro.
- <www.olimpiadasespeciales.net/>. Acceso el 5 de marzo de 2012.
  Sitio sobre las Olimpiadas Especiales en Latinoamérica.

Unidad 5 – La escritura de una vida: ¿quiénes luchan por la paz?

Ver videos...

- **Frida**, de Julie Taymor. México/EE.UU., 2002.
  Frida es una película que retrata la torturada vida personal de la artista mexicana Frida Kahlo, que vivió una vida audaz como una sensual revolucionaria política y artística.
- **Três irmãos de sangue**, de Ângela Patrícia Reiniger. Brasil, 2007.
  El documental muestra la vida de Betinho, Henfil y Chico Mário y cómo sus acciones se mesclan con la historia política, social y cultural de Brasil en la segunda mitad del siglo XX. Muestra las principales transformaciones por las que pasó el pueblo brasileño en ese período.

Leer ...

- **Cristóbal Colón: el sueño de Cristóbal**, de Consuelo Jiménez de Cisneros. Madrid: Edelsa, 2008.
  En este libro conocerás a Cristóbal Colón, navegante y cartógrafo de origen incierto que está al servicio de la Corona de Castilla. Desde pequeño, su gran sueño es recorrer los numerosos mares y océanos en busca de otros mundos. Finalmente, el 12 de octubre de 1492 llega a América.

¡Para ampliar!: ver, leer, oír y navegar...

- **Senderos de libertad**, de Javier Moro. Booket, 2006.
  Senderos de libertad narra magistralmente la heroica vida de Chico Mendes y su dramática muerte.

Oír canciones...

- **La memoria**, de León Gieco.
  Esta canción del argentino León Gieco tiene un verso dedicado a Chico Mendes. Se puede encontrarla en el CD *Bandidos rurales*, de 2001.

- **Carta a Rigoberta Menchú**, de Celtas Cortos.
  La canción es como un himno a la esperanza y está basada en las palabras de Rigoberta Menchú. Se puede encontrarla en el CD *Tranquilo majete*, de 1995.

Navegar en internet...

- <www.frmt.org/es/>. Acceso el 5 de marzo de 2012.
  Sitio de la Fundación Rigoberta Menchú, sobre quien es ella y sus programas.

- <http://sepiensa.org.mx/contenidos/nobel/nobel.htm>. Acceso el 5 de marzo de 2012.
  Para que sepas todo sobre los Premios Nobel.

Unidad 6 – Fabulando ideas: ¿qué actitudes tomar?

Ver videos...

- **Las crónicas de Narnia**, de Andrew Adamson. EE.UU., 2005.
  En esta película se retratan las aventuras en Narnia, tierra de magia y fantasía, poblada por animales que hablan y criaturas mitológicas. ¿Quién vencerá? ¿El bien o el mal?

- **La verdadera historia de Caperucita Roja**, de Cory Edwards, Todd Edwards y Tony Leech. EE.UU., 2005.
  En esta historia, el inspector Nick Flippers busca la verdad para descubrir quién robó un libro de recetas: ¿Caperucita Roja?, ¿el Lobo?, ¿Twitchy (un fotógrafo amigo del Lobo)?, ¿el Leñador? o ¿la Abuelita?

Leer...

- **La oveja negra y demás fábulas**, Augusto Monterroso. Managua: Nueva Nicaragua, 1982.
  En las páginas de ese libro, se leerán fábulas del escritor guatemalteco Augusto Monterroso.

- **El Lazarillo de Tormes**, autor anónimo. Madrid: Edelsa, 1996.
  Este clásico español se pasa en el siglo XVI y cuenta de forma autobiográfica la vida de Lázaro de Tormes, su nacimiento y mísera infancia hasta su matrimonio. Es una gran crítica a la falsa honra y mediocridad.

Oír canciones...

- **Noches de Arabia**, de Disney, letra de Howard Ashman y Tim Rice.
  Es la canción de apertura de la película *Aladdin*, de 1992. Es fácil encontrarla en Youtube.

- **En el muelle de San Blas**, de Maná.
  Esta canción cuenta la historia de una mujer que se despide de su esposo y se queda esperando su regreso cerca del mar. Se puede escucharla en el CD *Sueños líquidos*, de 1997.

Navegar en internet...

- <http://pacomova.eresmas.net/paginas/las_fabulas_de_esopo.htm>. Acceso el 5 de marzo de 2012.
  Para leer las fábulas de Esopo.

- <www.slideshare.net/jessy_rodri/los-animales-de-disney>. Acceso el 5 de marzo de 2012.
  Diapositivas de Ciencias sobre los animales de las películas Disney.

Unidad 7 – Lienzo en muestras: ¿qué sé yo sobre la Guerra Civil Española?

Ver videos...

- **Las cajas españolas**, de Alberto Porlan. España, 2004.
  Con el objetivo de preservar las obras del Museo del Prado y evitar que fueran destruidas en el transcurso de la contienda, el gobierno republicano creó la Junta de Defensa del Tesoro Artístico. Esta película reconstruye las vicisitudes y el recorrido de esas obras de arte, desde que fueron embaladas en un total de 1868 cajas hasta su llegada a Ginebra.

- **La lengua de las mariposas**, de José Luis Cuerda. España, 1999.
  Esta historia está ambientada en el invierno de 1936 en un pequeño pueblo gallego. Moncho, un niño de 8 años, se incorpora a la escuela y conoce a su peculiar maestro, que le inculca conocimientos variados. Pero el 18 de julio ese aprendizaje se romperá.

Leer...

- **Federico García Lorca para niños**, de Federico García Lorca. Madrid: Susaeta, s. d.
  En estas páginas, leerás poemas de ese poeta español que luchó en la Guerra Civil Española.

- **Picasso para niños**, de Marina García. Barcelona: Libros del Zorro Rojo, 2005
  En este libro, conocerás a Pablo Picasso, sus historias y sus pinturas.

Oír canciones...

- **Los campesinos**
  Esta canción es del bando Republicano de la época de la Guerra Civil Española y retrata las matanzas de los trabajadores de la tierra. Sacado de: < www.guerracivil1936.galeon.com/canciones.htm > . Acceso el 5 de marzo de 2012.

- **Ay, Carmela**
  Esta canción es un himno popular de la época de la Guerra Civil Española y tema de la película de mismo nombre. Sacado de: < www.guerracivil1936.galeon.com/canciones.htm > . Acceso el 5 de marzo de 2012.

Navegar en internet...

- <**www.columbia.edu/cu/lweb/eresources/exhibitions/children/index_spanish.html**>. Acceso el 5 de marzo de 2012.
  En este sitio encuentras varios dibujos hechos por niños que vivieron la época de la Guerra Civil Española.

- <**www.youtube.com/watch?v=CV3DPm3bZ-I&feature=player_embedded**>. Acceso el 5 de marzo de 2012.
  Video de animación producido por Vancouver Film School sobre la obra de Pablo Picasso.

Unidad 8 – Historias de terror y horror: ¿qué cosas me dan miedo?

Ver videos...

- **Día de Muertos**, de Carlos Barba. México, 2008.
  Documental que cuenta la historia de un humilde pueblo del sur de México, Pomucha, y su relación con el Día de los muertos: los habitantes tienen una tradición heredada de los mayas. Ganó el premio Mejor Película Corta Documental en el Festival Mundial de Cine Extremo Veracruz 2012.

- **Drácula**, de Francis Ford Coppola. EE.UU., 1992.
  Esta película se basa en la novela homónima de Bram Stoker y narra la historia de Drácula, un vampiro que perdió a su amor hace cuatrocientos años y decide buscarla en la capital británica, ya que allá se encuentra una mujer que se parece muchísimo a su amada.

Leer...

- **Drácula**, de Bram Stoker.
  En estas páginas, leerás la historia de uno de los vampiros más famosos del mundo. De dominio público, sacado de: < www.esociales.fcs.ucr.ac.cr/biblioteca/esociales/BramStoker-DRACULA.pdf > . Acceso el 7 de marzo de 2012.

- **Cuentos**, *fábulas y lo demás es silencio*, de Augusto Monterroso. Madrid: Alfaguara, 1996.
  En este libro, leerás el microcuento más famoso del mundo.

Oír canciones...

- **Cadáver exquisito**, de Fito Paez.
  Esta canción es del cantante argentino Fito Paez, presente en el disco *Euforia*, pista 2 del disco 1.

- **Pura sangre**, de Jarabe de Palo.
  Esta canción está en el CD *Completo incompleto*, pista 7.

Navegar en internet...

- <**www.letrasdechile.cl**>. Acceso el 5 de marzo de 2012.
  En este sitio encuentras varios escritores chilenos que escriben minicuentos.

- <**www.radioformula.com.mx/perfil.asp**>. Acceso el 5 de marzo de 2012.
  Aquí podrás escuchar otros cuentos de terror en el programa "La mano peluda".

Glosario

Aburrido - chato, enjoado, aborrecido
Acera - calçada
Adorno - enfeite
Aguacate - abacate
Ají - pimenta picante
Ala - asa
Alcaldesa - prefeita
Artesano - artesão, artesanal
Ayuntamiento - prefeitura

Babosa - lesma
Botello - garrafa
Broma - brincadeira
Bufanda - cachecol

Calzada - pista
Cambio - mudança
Caucho - borracha
Chillar - gritar
Choclo - milho
Codo - cotovelo
Colgar - desligar, pendurar
Cotizar - cotar
Cuello - pescoço

Dato - dado
Deprisa - depressa
Desayuno - desjejum
Desplazado - deslocado
Dibujo - desenho

Enfermedad - doença
Enseñanza - ensino
Escarabajo - escaravelho
Exquisito - excelente, gostoso

Falda - saia

Golondrina - andorinha
Goma - borracha
Guantes - luvas
Gusano - verme

Hierro - ferro
Hilo - fio
Hondo - profundo
Hoyo - buraco
Huérfano - órfão
Huir - fugir

Intercambiar - trocar entre si

Jaleo - confusão
Juguete - brinquedo

Largo - comprido, longo
Lechuza - coruja
Liviano - leve
Lombriz - lombriga

Mejilla - bochecha
Mientras - enquanto

Nido - ninho
Niñez - infância

Omnipresente - onipresente

P
Pajarita - gravata borboleta
Palmarés - lista de títulos
Papalote - papagaio, pipa
Paraguas - sombrinha, guarda-chuva
Pegamento - cola
Pollo - frango

Q
Quitar - tirar

R
Rasgo - característica
Rebaja - liquidação
Rodilla - joelho

S
Salvaje - selvagem

T
Talla - tamanho
Testigo - testemunha
Tibio - morno
Títere - fantoche

U
Ubicación - localização

V
Vaqueros - calça *jeans*

Y
Yate - iate
Yema - gema
Yerba - erva

Z
Zangolotino - garoto que quer ser criança
Zorro - raposa

182 ciento ochenta y dos

Referencias bibliográficas

ABRAHÃO, M. H. V. (Org.). *Prática de ensino de língua estrangeira*: experiências e reflexões. São Paulo: Pontes, 2004.

ALONSO, E. *¿Cómo ser profesor y querer seguir siéndolo?* Madrid: Edelsa, 1994.

BRASIL. Constituição da República Federativa do Brasil de 1988. Sacado de: < www.presidencia.gov.br >. Acceso el 23 de febrero de 2012.

_____. *Leis de Diretrizes e Bases da Educação Nacional (LDB)* Lei n. 9394, 20-12-1996. Sacado de: < www.presidencia.gov.br >. Acceso el 23 de febrero de 2012.

_____. Ministério da Educação e Cultura. Secretaria de Educação Básica. *Orientações curriculares para o Ensino Médio*: linguagens, códigos e suas tecnologias. Brasília, 2008.

_____. Ministério da Educação e Cultura. Secretaria de Educação Fundamental. *Parâmetros curriculares nacionais*: terceiro e quarto ciclos do Ensino Fundamental – apresentação dos temas transversais. Brasília, 1998.

_____. Ministério da Educação e Cultura. Secretaria de Educação Fundamental. *Parâmetros curriculares nacionais*: terceiro e quarto ciclos do Ensino Fundamental – língua estrangeira. Brasília, 1998.

CASSANY, D. *Tras las líneas*: sobre la lectura contemporánea. Barcelona: Anagrama, 2006.

_____; LUNA, M.; SANZ, G. *Enseñar lengua*. Barcelona: GRAÓ, 2007.

CHIAPPINI, L. Literatura: como? por quê? para quê? In: CHIAPPINI, L. *Reinvenção da catedral*. São Paulo: Cortez, 2005.

COELHO, N. N. *Literatura Infantil*: teoria, análise e prática. São Paulo: Ática, 1991.

COSTA, E. G. M. Otimização das estratégias de aprendizagem de habilidades orais em espanhol/LE. *Anais do XVI seminário do Cellip* – CD-ROM. Londrina: UEL, 2003. p. 1095-1099.

COSTA VAL, M. G. Texto, textualidade e textualização. In: CECCANTINI, J. L. T.; PEREIRA, R. F.; ZANCHETTA JR., J. *Pedagogia cidadã*: cadernos de formação – Língua Portuguesa. São Paulo: Unesp (Pró-reitoria de Graduação), 2004. v. 1, p. 113-128.

DELL'ISOLA, R. L. P. *Os sentidos das palavras na interação leitor-texto*. Belo Horizonte: Fale/UFMG, 2005.

ERES FERNÁNDEZ, G.; Flavian, E. Del supermercado a la clase o cómo transformar envases en material didáctico. *Cuadernos Cervantes de La Lengua Española*, Madrid, v. 36, p. 46-5, 2001.

_____; KANASHIRO, D. S. K.; VIEIRA, M. E.; RINALDI, S.; SANTOS, J. J. *Publicidade e propaganda*: o vídeo nas aulas de língua estrangeira. São Paulo: Nacional, 2009. v. 1.

FANJUL, A. P. La práctica gramatical y el problema de la referencia en la enseñanza de E/LE a brasileños. In: BARROS, C. S. de; COSTA, E. G. M. (Org.). *Espanhol. Explorando o ensino*. Brasília: MEC/SEB, 2010. v. 16, p. 233-263.

FAZENDA, I. *Interdisciplinaridade*: um projeto em parceria. São Paulo: Loyola, 1991.

FREIRE, P. *Pedagogia da autonomia*: saberes necessários à prática educativa. São Paulo: Paz e Terra, 2007.

GIOVANNI, A.; PERIS, E. M.; RODRÍGUEZ, M.; SIMÓN, T. *Profesor en acción 3*: Destrezas. Madrid: Edelsa, 2007.

GOETTENAUER, E. M. C. *El tratamiento de los géneros discursivos en el aula de E/LE*. Belo Horizonte: Ed. da UFMG, 2006. Sacado de: < www.letras.ufmg.br/espanhol/Anais/anais_paginas%20_2502-3078/El%20tratamiento.pdf >. Acceso el 23 de febrero de 2012.

GONZÁLEZ SAINZ, T. *Para jugar*: juegos comunicativos. Español lengua extranjera. Madrid: SM, 1994.

GUZZO, E. A. La literatura y el cine "de miedo" como juego: una experiencia de escritura con niños. *Actas del X Seminario de Dificultades Específicas de la Enseñanza del Español a Lusohablantes*. Brasília: Embajada de España en Brasil – Consejería de Educación, Ministerio de Educación, Cultura y Deporte, 2003.

IGLESIAS CASAL, I.; PRIETO GRANDE, M. *¡Hagan juego!* Actividades y recursos lúdicos para la enseñanza del español. Madrid: Edinumen, 1998.

KARWOSKI, A. M.; BONI, V. C. V. (Org.). *Tendências contemporâneas no ensino de línguas*. Paraná: Kaygangue, 2006.

KLEIMAN, A.; MATENCIO, M. L. M. *Letramento e formação do professor*. Campinas: Mercado de Letras, 2005.

MAGALHÃES, M. C. (Org.). *A formação do professor como um profissional crítico*. Campinas: Mercado de Letras, 2004.

MAIA GONZÁLEZ, N. Portugués brasileño y español: lenguas inversamente asimétricas. In: CELADA, M. T.; MAIA GONZÁLEZ, N. (Coord.). Gestos trazan distinciones entre la lengua española y el portugués brasileño. *Signos ELE*, año 2, n. 2, 2008. Sacado de: < www.salvador.edu.ar/sitio/signosele/aanterior.asp >. Acceso el 23 de febrero de 2012.

MARCUSCHI, L. A. Gêneros textuais: definição e funcionalidade. In: DIONISIO, A. P.; MACHADO, A. R.; BEZERRA, M. A. (Org.). *Gêneros textuais e ensino*. 2. ed. Rio de Janeiro: Lucerna, 2002.

_____. Gêneros textuais: configuração, dinamicidade e circulação. In: BRITO, K. S.; GAYDECZKA, B.; KARWOSKI, A. M. *Gêneros textuais*: reflexões e ensino. 2. ed. Rio de Janeiro: Lucerna, 2006.

MARTIN, I. Homenagem à liberdade: o papel da ficção na Guerra da Espanha. In: Diniz, A. G. (Org.). *Hispanismo 2004*: Literatura espanhola. Florianópolis: ABH, 2006.

MARTINEZ, P. *Didática de línguas estrangeiras*. Trad. Marco Marcionilo. São Paulo: Parábola, 2009.

MATTE BON, F. *Gramática comunicativa del español*. Barcelona: Difusión, 1996.

PARAQUETT, M. O descobrimento da América e a construção da identidade espanhola. *Alea. Estudos Neolatinos*, Rio de Janeiro, v. 2, p. 211-213, 2000.

PERISSÉ, G. *Literatura & educação*. Belo Horizonte: Autêntica, 2006.

RICHARDS, J. *Diccionario de lingüística aplicada y enseñanza de lengua*. Madrid: Ariel, 1997.

SÁNCHEZ QUINTANA, N.; Clark, D. *Destrezas integradas*. Las cuatro destrezas. Madrid: SM, 1995.

SANTOS, Ismael dos. *Homens, raposas e uvas*: a fábula na literatura. Blumenau: Edifurb, 2003.

SOARES, M. *Letramento*: um tema em três gêneros. 2. ed. Belo Horizonte: Autêntica, 2005.

TIBA, I. *Ensinar aprendendo*: como superar os desafios do relacionamento professor-aluno em tempos de globalização. São Paulo: Gente, 1998.